Rheinisch-Westfälische Akademie der Wissenschaften

Geisteswissenschaften Vorträge · G 183

Herausgegeben von der
Rheinisch-Westfälischen Akademie der Wissenschaften

ERNST-WOLFGANG BÖCKENFÖRDE

Die verfassungstheoretische Unterscheidung von Staat und Gesellschaft als Bedingung der individuellen Freiheit

Westdeutscher Verlag · Opladen

178. Sitzung am 12. Juli 1972 in Düsseldorf

ISBN-13: 978-3-531-07183-1 e-ISBN-13: 978-3-322-90090-6
DOI: 10.1007/978-3-322-90090-6

Gesamtherstellung: Westdeutscher Verlag GmbH Opladen

Hans Ulrich Scupin

zum 70. Geburtstag

Inhalt

Es ist heute nahezu einhellige Meinung *, insbesondere im Bereich der Politikwissenschaft, daß die Trennung von Staat und Gesellschaft im Zeichen der modernen Demokratie und im Zeichen des Sozialstaates überwunden sei [1]. An ihre Stelle sei, je länger je mehr, eine notwendige Verbindung und Vermischung getreten. Es gebe heute, im Zeichen sozialstaatlicher Intervention und Daseinsvorsorge, keine „staatsfreie" Gesellschaft mehr, und ebensowenig könne der Staat, im Zeichen des demokratischen Prinzips, als von der Gesellschaft losgelöst und abgesondert verstanden werden; vielmehr sei er

* Der Gegenstand der nachfolgenden Ausführungen überschneidet sich teilweise mit meinem Beitrag „Die Bedeutung der Unterscheidung von Staat und Gesellschaft im demokratischen Sozialstaat der Gegenwart" (Rechtsfragen der Gegenwart. Festgabe für Wolfgang Hefermehl zum 65. Geburtstag, 1972, S. 11–36). Daraus erklären sich einige gedankliche und wörtliche Übereinstimmungen. Fragestellung und Leitfaden der Problemerörterung sind jedoch in beiden Abhandlungen verschieden. Steht dort die Ausrichtung auf Fragen des Verfassungs*rechts*, insbesondere auf die durch das Grundgesetz geschaffene Verfassungsordnung im Vordergrund, so sind es hier Fragen der Staatslehre und Verfassungstheorie.

1 Siehe aus der politikwissenschaftlichen Literatur etwa *Abendroth*, Zum Begriff des demokratischen und sozialen Rechtsstaates im Grundgesetz, in: Festschrift für Bergsträsser, 1954, = *Forsthoff* (Hrsg.), Rechtsstaatlichkeit und Sozialstaatlichkeit, 1968, S. 114–144 (126/127); *O. H. v. d. Gablentz*, Staat und Gesellschaft: Politische Vierteljahrschrift, 2. Jg. (1961), S. 2 ff.; *v. Krockow*, Staatsideologie oder demokratisches Bewußtsein, ebd. 6. Jg. (1965), S. 118–131 (127 f.); *K. D. Bracher*, Staatsbegriff und Demokratie in Deutschland, ebd. 9. Jg. (1968), S. 2–27 (19 ff.); *P. Römer*, Vom totalen Staat zur totalen bürgerlichen Gesellschaft: Das Argument, 1970, S. 332 f.
Aus der soziologischen Literatur *H. Freyer*, Das soziale Ganze und die Freiheit der einzelnen unter den Bedingungen des industriellen Zeitalters, 1957, S. 23 f.; *A. Gehlen*, Soziologische Voraussetzungen im gegenwärtigen Staat, in: Beilage zur Staats-Zeitung für Rheinland-Pfalz Nr. 1, v. 15. 1. 1956 = *Forsthoff* (Hrsg.), Rechtsstaatlichkeit und Sozialstaatlichkeit, 1968, S. 320–339 (329); *N. Luhmann*, Grundrechte als Institution, 1965, S. 29 f.
Aus der rechtswissenschaftlichen Literatur: *E. Forsthoff*, Lehrbuch des Verwaltungsrechts, Bd. 1, Allgemeiner Teil, 1. Aufl. 1950, S. 3, seitdem kontinuierlich festgehalten, vgl. a.a.O., 9. Aufl. 1966, S. 3; eine Einschränkung und Modifizierung jetzt *ders.*, Der Staat der Industriegesellschaft, 1971, S. 25 ff.; *U. Scheuner*, Artikel „Staat": HSW Bd. 12 (1963), S. 660; *H. Ehmke*, „Staat" und „Gesellschaft" als verfassungstheoretisches Problem, in: Staatsverfassung und Kirchenordnung, Festgabe für Rudolf Smend, 1962, S. 23–49 (24 f.); *K. Hesse*, Grundzüge des Verfassungsrechts der Bundesrepublik Deutschland, 5. Aufl. 1972, S. 8 f.; *Zippelius*, *All*gemeine Staatslehre, 2. Aufl. 1970, § 22, S. 135 ff.

nur eine Funktion und Teilorganisation der Gesellschaft. Die Beibehaltung der Trennung von Staat und Gesellschaft als eines verfassungstheoretischen und verfassungsorganisatorischen Prinzips sei daher anachronistisch, trage zur Erkenntnis der gegenwärtigen politisch-sozialen Wirklichkeit mit ihrer Ordnung nichts bei [2].

Mit dieser Kritik verbindet sich teilweise ein ausgesprochener oder unausgesprochener Ideologieverdacht [3]. Die Beibehaltung oder gar Postulierung der Trennung von Staat und Gesellschaft bedeute den Versuch einer Restauration einer gesellschaftstranszendenten staatlichen Autorität, die demokratisch illegitim sei. Infolgedessen sei es nicht nur unzeitig, an dem Dualismus und der Gegenüberstellung von Staat und Gesellschaft festzuhalten, sondern auch gefährlich.

Demgegenüber enthält das Thema eine These. Diese These ist um so provozierender, als ja auch die Vertreter der heute verbreiteten Meinung, daß die Trennung von Staat und Gesellschaft überholt sei, für die individuelle Freiheit engagiert sind, sie keineswegs aufgeben wollen. Und die Herausforderung wird auch dadurch kaum geringer, daß in meinem Thema mit Vorbedacht von der *Unterscheidung* anstatt von der Trennung von Staat und Gesellschaft die Rede ist [4]. Denn der Gegenstand der Kritik ist das Denken in der Gegenüberstellung von Staat und Gesellschaft überhaupt, nicht eine bestimmte Modifikation innerhalb dieses Denkens. Eben darüber scheint das wissenschaftliche Urteil nicht zweifelhaft.

Bevor nun ein solches Urteil endgültig gefällt wird und in Rechtskraft erwächst, im Bereich der Verfassung womöglich mit Bindungswirkung, erscheint es billig, das Recht auf Gehör zu gewähren. Sie haben durch die Annahme des von mir selbst gewählten Themas dieses Recht auf Gehör gewährt, und ich danke Ihnen dafür.

Meine Ausführungen sollen sich um zwei zentrale Fragen gruppieren. Die erste Frage: Inwiefern und wodurch ist gerade die Unterscheidung von Staat

[2] So insbes. *Hesse*, a.a.O. (N. 1), S. 8 f.; ferner *Ehmke*, a.a.O. (N. 1), S. 24, 42 ff.; *Zippelius*, a.a.O. (N. 1), S. 138.

[3] Vgl. etwa *v. d. Gablentz*, a.a.O. (N. 1), S. 2 ff.; *v. Krockow*, a.a.O. (N. 1), S. 128; *Bracher*, a.a.O. (N. 1), S. 22 ff.

[4] Eine organisatorisch-funktionale *Unterscheidung* von Staat und Gesellschaft wird von etlichen Autoren als sinnvoll und notwendig anerkannt; vgl. *J. H. Kaiser*, Die Repräsentation organisierter Interessen, 1956, S. 338 f.; *Drath*, Artikel „Staat“, in: Evangelisches Staatslexikon, Sp. 2114–2149 (2122 f.); *Herzog*, Allgemeine Staatslehre, 1971, S. 140 f., S. 146; *Henke*, Das Recht der politischen Parteien, 2. Aufl. 1972, S. 1 ff.; auch wohl *H. Krüger*, Staatslehre, 2. Aufl. 1966, §§ 30 und 32, ungeachtet seiner besonderen, sehr stark auf verschiedene Bewußtseinsinhalte abhebenden Begriffsvorstellungen von „Staat“ und „Gesellschaft“. Weitergehend, i. S. eines modifizierten Dualismus, *Isensee*, Subsidiaritätsprinzip und Verfassungsrecht, 1968, S. 154.

und Gesellschaft eine Bedingung individueller Freiheit, und die zweite Frage: Inwieweit ist die Realisierung dieser Unterscheidung verfassungstheoretisch und verfassungsorganisatorisch auch heute noch möglich?

Als Ausgangspunkt für die Beantwortung der ersten Frage erscheint es notwendig, einen Blick auf die *Entstehung* der Unterscheidung von Staat und Gesellschaft zu werfen. Aus ihrer Genesis läßt sich am ehesten der Zugang zu Inhalt und Funktion dieser Unterscheidung gewinnen. Ich werde also zunächst über die Entstehung der Unterscheidung von Staat und Gesellschaft und dann über Inhalt und Funktion dieser Unterscheidung sprechen.

I.

Nehmen wir die gängigen Werke des Marxismus-Leninismus zur Hand, so erscheinen „Staat" und „Gesellschaft" als Kategorien einer allgemeinen Sozial- und Geschichtstheorie, die für alle Zeitepochen und Gesellschaftsformationen nach dem Urkommunismus und bis zur klassenlosen kommunistischen Gesellschaft anwendbar sind [5]. Ähnlich ist es, wenn wir die älteren Lehrbücher der Rechts- und Verfassungsgeschichte befragen. Dort ist von „Staat" und „Gesellschaft" bei den Germanen im Frankenreich, im hohen Mittelalter die Rede [6]. Ebenso sind uns wissenschaftliche Werke geläu-

[5] Siehe etwa Grundlagen des Marxismus-Leninismus. Lehrbuch, Berlin-Ost 1964, S. 174 ff., S. 183 ff.; Grundlagen der marxistischen Philosophie, Berlin-Ost 1965, S. 470 ff., 482 ff. Diese Verallgemeinerung ist eine Folge der Um- und Fortbildung der ursprünglich historisch-konkreten Einsichten und Diagnosen von Marx und Engels zu einem geschlossenen Lehrgebäude und System. In den Frühschriften Marx' ist der geschichtliche, der europäischen Neuzeit zugehörige Ursprung des Staates und der Gegenüberstellung von Staat und Gesellschaft in erstaunlichem Maße bewußt, vgl. etwa die Kritik der Hegelschen Staatsphilosophie (Frühschriften, ed. Landshut, 1953, S. 85 ff., 96 ff.) und die erste Schrift zur Judenfrage (ebd. S. 196–199). Ein Ansatz zur Verallgemeinerung findet sich im Manifest der Kommunistischen Partei (vgl. *Marx-Engels,* Ausgewählte Schriften, Bd. 1, Berlin-Ost 1960, S. 23 ff.); näher ausgeführt wurde sie in den Schriften von *Engels,* Der Ursprung der Familie, des Privateigentums und des Staats, 1884 (Ausg. Berlin-Ost 1953, insbes. S. 168–173) und: Herrn Eugen Dührings Umwälzung der Wissenschaft (Anti-Dühring), 1878 (Ausg. Berlin-Ost 1958, S. 347 f.). Aus diesen „Quellen" gelangte sie dann in das System des Marxismus-Leninismus, wie die mehrfachen Bezugnahmen bei *Lenin,* Staat und Revolution, Kap. I, erkennen lassen.

[6] Siehe *Heinrich Brunner,* Deutsche Rechtsgeschichte, Bd. 1, 2. Aufl. 1906, Bd. 2, 2. Aufl. (bearb. v. Claudius v. Schwerin) 1928; *Georg v. Below,* Der deutsche Staat des Mittelalters, Bd. 1, 1914; *Schröder-v. Künßberg,* Lehrbuch der deutschen Rechtsgeschichte, 7. Aufl. 1932; *Schwerin-Thieme,* Grundzüge der deutschen Rechtsgeschichte, 1949; auch noch *H. Conrad,* Deutsche Rechtsgeschichte, Bd. 1: Frühzeit und Mittelalter, 1952, 2. Aufl. 1962. Die prinzipielle Kritik hierzu bei *Otto Brunner,* Land und Herrschaft, zuerst 1939, 3. Aufl. 1943, S. 124 ff.; *ders.,* Moderner Verfassungsbegriff und mittelalterliche Verfas-

fig, die über den „Staat“ bei den Römern und in der Antike gehandelt haben [7].

Demgegenüber ist festzuhalten, daß die Unterscheidung von Staat und Gesellschaft das Ergebnis eines verfassungsgeschichtlichen Vorgangs ist, der der europäischen Neuzeit zugehört [8]. Erst in der europäischen Neuzeit hat sich, wie gleich zu zeigen sein wird, die Unterscheidung von Staat und Gesellschaft herausgebildet. Das bedeutet zugleich, daß nur unter bestimmten Gegebenheiten der politisch-sozialen Ordnung von einer Unterscheidung von Staat und Gesellschaft sinnvoll gesprochen werden kann, und nur solange, wie diese Gegebenheiten der politisch-sozialen Ordnung fortbestehen. Ferner ist damit gesagt, daß es sich bei der Unterscheidung von Staat und Gesellschaft nicht um eine gedankliche Abstraktion, eine bloße Vorstellung handelt, sondern um einen Vorgang, der der realen Wirklichkeit angehört.

1. Welches ist nun der geschichtliche Vorgang, der zur Unterscheidung und Gegenüberstellung von Staat und Gesellschaft geführt hat?

Die vielfach zerstreuten, je begrenzten Herrschaftsbefugnisse über Land und Leute, die die mittelalterliche und frühneuzeitliche politisch-soziale Ordnung kennt, wurden in einem längeren, in seinen einzelnen Stadien wechselvollen historischen Prozeß zunehmend bei einer Person bzw. Instanz konzentriert und planmäßig zu einer umfassenden Herrschaftsgewalt ausgebaut und organisiert. Auf diese Weise verwandelte sich die herrschaftlich-politisch durchformte Gesellschaft des Mittelalters und der frühen Neuzeit, die „societas civilis cum imperio“, in die neue einheitliche Untertanengesellschaft, die „societas civilis sine imperio“ [9]. In dieser Gesellschaft übten nicht mehr einzelne als solche über andere einzelne Herrschaftsrechte aus, sondern

sungsgeschichte: MIÖG, Erg. Bd. 14 (1939) = *H. Kämpf* (Hrsg.), Herrschaft und Staat im Mittelalter, 1956, S. 1–19; *Ernst Kern*, Moderner Staat und Staatsbegriff, 1949, S. 21–49.

[7] Statt anderer *Th. Mommsen*, Römisches Staatsrecht, 3 Bde, 3. Aufl. 1887; *G. Ostrogorski*, Geschichte des Byzantinischen Staates, 1940; *Ernst Mayer*, Römischer Staat und Staatsgedanke, 1948, 3. Aufl. 1964.

[8] Die klassische Formulierung und Feststellung immer noch bei *Hegel*, Grundlinien der Philosophie des Rechts, § 260 mit Zus., § 183 mit Zus. (Ausg. Gans, S. 338 und 262/263). Aus der staatsrechtlichen und verfassungsgeschichtlichen Literatur *Hermann Heller*, Staatslehre, 1934, S. 125–139; *Otto Brunner*, Die Freiheitsrechte in der altständischen Gesellschaft = *ders.*, Neue Wege der Verfassungs- und Sozialgeschichte, 2. Aufl. 1968, S. 187–198.

[9] Über diesen strukturellen Vorgang im einzelnen O. *Brunner*, a.a.O. (N. 8), S. 187–198; *E. Angermann*, Das Auseinandertreten von Staat und Gesellschaft im Denken des 18. Jahrhunderts: ZPol 1963, S. 89 ff.; ferner – begriffsgeschichtlich orientiert – *M. Riedel*, Hegels „bürgerliche Gesellschaft“ und das Problem ihres historischen Ursprungs: ARSP, Bd. 48 (1962), S. 539–566 (542 ff.).

nur der Träger der umfassenden staatlichen Gewalt, und dieser gegenüber allen einzelnen. Hermann Heller hat in seiner Staatslehre diesen Vorgang prägnant beschrieben: „Es entwickeln sich auf dem europäischen Kontinent", sagt er, „die bis dahin territorial verschwommenen, lose und intermittierend zusammenhängenden Polyarchien zu kontinuierlichen, straff organisierten Machteinheiten, die nur ein einziges, und zwar stehendes Heer, eine einzige und durchgreifende Beamtenhierarchie und eine einheitliche Rechtsordnung kennen sowie über alle Untertanenschaft verfügen." [10] Die verschiedenen Stadien dieses Vorgangs brauchen hier im einzelnen nicht verfolgt zu werden: die politische Entrechtung der Stände, der Ausbau königlicher bzw. landesherrlicher Gerichts- und Verwaltungspflege über den ganzen Bereich des Territoriums hinweg, die Aktualisierung und Intensivierung königlicher bzw. landesherrlicher Oberhoheiten, die zunehmende Inanspruchnahme eines freien, letztentscheidenden Gesetzgebungsrechts und damit der Rechts(setzungs)gewalt durch den Landesherrn [11].

Dieser Vorgang der Konzentrierung und Zentralisierung der Herrschaftsbefugnisse bedeutete für die einzelnen Menschen zugleich die Herausfällung und Freisetzung aus den konkreten statusmäßigen Herrschafts- und Lebensordnungen, in die sie eingebunden waren. Diese verloren ihren herrschaftlich-politischen Charakter. An ihre Stelle trat die unmittelbare Beziehung des einzelnen als Untertan zum König bzw. Landesherrn. Die Stände wurden aus Herrschaftsständen, die eigene, autogene politische Herrschaftsbefugnisse ausübten, zu sozialen Schichten; auf dem Boden der durch die Herrschaftskonzentration entstehenden Untertanengesellschaft erschienen sie, wie schon Johann Jakob Moser sagte, nurmehr als privilegierte Untertanen [12]. Ihre Vorzugsrechte, soweit sie noch fortbestanden, erhielten den Charakter von Privilegien, wurden eine Form von *Privat*herrschaft, und ebenso erschien die herrschaftlich-ständische Abhängigkeit der Bauern von ihrem Grundherrn als Privatabhängigkeit [13]. Der Maßstab für diese Beur-

[10] *H. Heller,* Staatslehre (N. 8), S. 129.

[11] Siehe dazu *F. Hartung,* Deutsche Verfassungsgeschichte der Neuzeit, 9. Aufl. 1964, §§ 24–26, 30/31; *E. Forsthoff,* Verfassungsgeschichte der Neuzeit, 3. Aufl. 1967, S. 41 ff.; *G. Oestreich,* Die verfassungspolitische Situation der Monarchie in Deutschland vom 16.–18. Jahrhundert = *ders.,* Geist und Gestalt des frühmodernen Staates, 1969, S. 253–276 (268 ff.); speziell zur Ausbildung der Rechtsetzungsgewalt *Ebel,* Geschichte der Gesetzgebung in Deutschland, 2. Aufl. 1958, S. 57–77.

[12] *J. J. Moser,* Von der deutschen Reichsstände Landen, 1769, S. 840.

[13] Eine Zwischenstufe im Übergang vom Herrschafts- zum bloßen Sozialstand war die Funktionalisierung des Ständebegriffs, in dem als Kriterium die jeweils besondere Aufgabe erscheint, die ein Stand in der Gesellschaft bzw. für den Staat vollbringt; so etwa bei *Carl Gottlieb Svarez,* Vorträge über Recht und Staat, hrsg. v. H. Conrad und G. Kleinheyer, 1960, S. 260 ff., und im Preuß. ALR, §§ 2, 6 II 1; dazu *R. Koselleck,*

teilung ist die Gleichheit aller einzelnen als Untertanen: Gleichheit in der Herrschaftslosigkeit und in der Unabhängigkeit voneinander, die Subjektstellung des Individuums im doppelten Sinn dieses Wortes.

Dieser Vorgang ist schon früh prägnant beschrieben worden, und zwar von niemand anders als dem jungen Karl Marx. „Die politische Revolution", sagt er in der Schrift gegen Bruno Bauer [14], „welche den politischen Staat als allgemeine Angelegenheit, d. h. als wirklichen Staat konstituierte, zerschlug notwendig alle Stände, Korporationen, Innungen, Privilegien, die ebenso viele Ausdrücke der Trennung des Volkes von seinem Gemeinwesen waren. Die politische Revolution – gemeint ist die Französische Revolution – hob damit den politischen Charakter der bürgerlichen Gesellschaft auf. Sie zerschlug die bürgerliche Gesellschaft in ihre einfachen Bestandteile, einerseits die Individuen, andererseits die materiellen und geistigen Elemente, welche den Lebensinhalt, die bürgerliche Situation dieser Individuen bilden. Sie entfesselte den politischen Geist, der gleichsam in die verschiedenen Sackgassen der feudalen Gesellschaft zerteilt, zerlegt, zerlaufen war; sie sammelte ihn aus dieser Zerstreuung, sie befreite ihn von seiner Vermischung mit dem bürgerlichen Leben und konstituierte ihn als die Sphäre des Gemeinwesens, der allgemeinen Volksangelegenheit in idealer Unabhängigkeit von jenen besonderen Elementen des bürgerlichen Lebens . . ."

2. Der Vorgang der Herrschaftskonzentrierung, der sich hier vollzog, war nicht bezogen auf die Person des Monarchen, zum Zwecke individueller Machtsteigerung, wenngleich der Monarch Kristallisationspunkt dieser Entwicklung war. Der Herrscher wird vielmehr eine Instanz (persona moralis), die Herrschaftsrechte und -befugnisse erhalten ihr „Um-willen": die Ausrichtung auf die salus publica, zumeist verstanden als die Herstellung des Friedens, Sicherheit des Lebens, der individuellen Rechtsgüter und der Freiheit, Beförderung der Wohlfahrt [15]. Diese elementaren Staatszwecke werden die „Rechtstitel" für die Konzentration der Herrschaftsbefugnisse und der Grund ihrer Legitimation. Der *Amtsgedanke* erscheint als Objektivierung

Preußen zwischen Reform und Revolution, 1967, S. 52 ff. Die volle Reduzierung auf einen bloßen privilegierten Sozialstand bei *E. Sieyès*, Qu'est-ce que le Tiers Etat (dt. Ausg. v. O. Brandt, 1924). Auch *Hegel*, Grundlinien der Philosophie des Rechts, §§ 303 ff., spricht konsequent von den Ständen als „Privatstand".

[14] *Karl Marx*, Zur Judenfrage, I, in: *ders.*, Frühschriften, Ausg. Landshut, 1953, S. 197 f.

[15] Siehe die zahlreichen Nachweise bei *O. v. Gierke*, Die Staats- und Korporationslehre der Neuzeit (Das deutsche Genossenschaftsrecht, Bd. 4), 1913 (Neudruck 1954), S. 405 ff.; *K. Wolzendorff*, Der Polizeigedanke des modernen Staates, 1918, S. 9–13, 63 ff.; ferner *H. Maier*, Die ältere deutsche Staats- und Verwaltungslehre (Polizeiwissenschaft), 1966, S. 93 ff., 170 ff., 191 ff.

der Herrscherstellung [16]. Die damit gegebene gedankliche Verselbständigung der Herrscherbefugnisse wird in der Staatstheorie fortentwickelt zur Einheit der Staatsperson, die in der Herrscherperson zur Erscheinung kommt bzw. vom Herrscher repräsentiert wird [17]. Ein weiterer Schritt der Verselbständigung kommt dann dadurch zustande, daß der Staat, verstanden als Inbegriff der Aufgaben und Befugnisse des Herrschers, dem Herrscher selbst gegenübertritt, der Herrscher wird Diener am Staat, d. h. am Staatsgedanken und an den Staatszwecken [18]. Das Wort Friedrichs des Großen, der Herrscher sei der erste Diener des Staates, bringt diesen Vorgang sinnfällig zum Ausdruck. Realgeschichtlich unterbaut wurde dieser Vorgang durch die Herstellung eines organisierten Wirkzusammenhangs über den ganzen Bereich des Territoriums hinweg in der Form der Organisation von landesherrlichen Behörden und Ämtern, die ein einheitlich gelenktes Handeln für den ganzen Herrschaftsbereich vermittelten [19]. Hier trat der Staat, von oben gelenkt, wirklich als organisatorische Einheit und Wirkmacht in Erscheinung. Die letzte Stufe der Verselbständigung wurde damit erreicht, daß der Staat selbst als Organisation begriffen und verstanden wurde; als ein in sich stehender Wirkungszusammenhang mit einem ihm eingestifteten Um-willen, der zwar vom Herrscher gelenkt wird, wobei aber die Person des Herr-

[16] Siehe – am Beispiel V. L. von Seckendorfs – *H. Maier*, a.a.O. (N. 15), S. 170 ff. Insbesondere die protestantische staatstheoretische Literatur des 17. und 18. Jahrhunderts hat den – theologisch fundierten – Amtscharakter der sich ausbildenden staatlichen Herrschaft stark betont; die Nachweise im einzelnen sind noch ein Desiderat der verfassungsgeschichtlichen und staatstheoretischen Forschung. In der naturrechtlichen Staatslehre erscheint der Amtsgedanke unter dem Titel der Pflichten des Herrschers, s. dazu schon *Thomas Hobbes*, Elementa philosophica de cive, 1642, cap. 13 (mit dem bezeichnenden Titel: de officiis eorum, qui summum imperium administrant); *Pufendorf*, De Jure Naturae et Gentium libri octo, 1672, lib. VII, cap. 6 § 10. cap. 8 §§ 1 u. 4.

[17] Siehe *Gierke*, Johannes Althusius und die Entwicklung der naturrechtlichen Staatstheorien, 4. Aufl. 1929, S. 189 ff.; *ders.*, a.a.O. (N. 15), S. 413–425, 452 ff.; *H. Häfelin*, Die Rechtspersönlichkeit des Staates, 1959, S. 31–50; jüngst *H. Quaritsch*, Staat und Souveränität, Bd. 1, 1970, S. 473–480.

[18] Vgl. etwa *C. G. Svarez*, Vorträge über Recht und Staat (N. 13), S. 467; Recht und Verfassung des Reiches in der Zeit Maria Theresias, hrsg. von *H. Conrad*, 1964, S. 241 („Von den Rechten der Majestät oder höchsten Gewalt überhaupt"); zusammenfassend jetzt *H. Conrad*, Staatsgedanke und Staatspraxis des aufgeklärten Absolutismus, 1971, insbes. S. 24 ff., 38 ff.; ferner *Gierke*, a.a.O. (N. 15), S. 458 ff., 484 ff.

[19] Vorbildlich dafür einmal die Entwicklung in Brandenburg-Preußen und den Habsburgischen Ländern, vgl. *F. Hartung*, Studien zur Geschichte der preußischen Verwaltung = *ders.*, Staatsbildende Kräfte der Neuzeit, 1961, S. 178–223. *G. Oestreich*, in: Gebhardt-Grundmann, Handbuch der deutschen Geschichte, Bd. 2, 9. Aufl. 1970, §§ 104–106; zum andern die Neuorganisation des revolutionären Frankreichs in der Verfassung von 1791, Tit. II, Art. 1 und Tit. III, cap. IV, not. 2, Art. 1–3.

schers – Monarch oder Demos – auswechselbar wird [20]. Der Staat steht in sich als eigene Institution.

Das Preußische Allgemeine Landrecht bringt in den berühmten §§ 1–4 II 3 ebendies zum Ausdruck. Der König erscheint dort gar nicht mehr als König, sondern als Staatsoberhaupt, und ihm werden alle die Befugnisse zugesprochen, die aus dem Zweck des Staates fließen [21]. Wir finden das gleiche bei Kant [22], wenn er von der „res publica" und dem „status civilis" spricht, worunter er die Verkörperung der objektiven Zwecke der Herrschaft versteht, und wir finden es auch in der Erklärung der Menschen- und Bürgerrechte von 1789, die in der Präambel den Staat als „corps social" bzw. „institution politique" bezeichnet [23]. Die konkrete begriffliche Fassung dieses Gedankens und der eingetretenen Verselbständigung ist unterschiedlich, je nach der konkreten Zweckbestimmung, mit der die staatliche Organisation ausgestattet wird, und je nach der geschichtlichen Lage, in der sich dieser Verselbständigungsvorgang vollzieht. Der Staat erscheint so als Inbegriff von Einrichtungen oder Ämtern, zur Einheit verbunden durch die Person des Staatsoberhaupts [24], als Gegenstand einer objektivierten Herrschaftsgewalt des Monarchen [25], als zweckgerichtete Vereinigung und Herrschaftsorganisation eines

[20] Das Vehikel war die Herausarbeitung und Anerkennung einer selbständigen Staatspersönlichkeit. Ungeachtet der konkreten verfassungspolitischen Frontstellungen, die damit im 19. Jh. in Deutschland verbunden waren, darf der prinzipielle und strukturelle Charakter des Vorgangs nicht übersehen werden, vgl. *H. Quaritsch*, a.a.O. (N. 17), S. 473, S. 481 ff., 487 ff., der mit Recht darauf hinweist, daß hier in der Sache „eine verformende Juridifizierung und Positivierung der Staatsphilosophie des 17. und 18. Jahrhunderst" stattfand (491). Zum ganzen auch *Häfelin*, a.a.O. (N. 17), S. 66–90.

[21] ALR, Teil 2, Tit. 13:

§ 1: Alle Rechte und Pflichten des Staates gegen seine Bürger und Schutzverwandten vereinigen sich in dem Oberhaupt desselben.

§ 2: Die vorzüglichste Pflicht des Oberhaupts im Staate ist, sowohl die äußere als die innere Ruhe und Sicherheit zu erhalten und einen jeden bei dem Seinigen gegen Gewalt und Störungen zu schützen.

§ 3: Ihm kommt es zu, für Anstalten zu sorgen, wodurch den Einwohnern Mittel und Gelegenheit verschafft werden, ihre Fähigkeiten und Kräfte auszubilden und dieselben zur Beförderung ihres Wohlstandes anzuwenden.

§ 4: Dem Oberhaupt des Staates gebühren daher alle Vorzüge und Rechte, welche zur Erreichung dieser Endzwecke erforderlich sind.

Vgl. dazu *Conrad*, a.a.O. (N. 18), S. 38 f., 59 f.

[22] Metaphysik der Sitten, T. 2, Metaphysische Anfangsgründe der Rechtslehre, §§ 43, 45; *ders.*, Über den Gemeinspruch, II (Werke, ed. Weischedel, Bd. 9), S. 144 ff.

[23] *Altmann*, Ausgewählte Urkunden zur außerdeutschen Verfassungsgeschichte seit 1776, 1897, S. 58.

[24] In diesem Sinn etwa *R. v. Mohl*, Das Staatsrecht des Königreiches Württemberg, Bd. 1, 1829, S. 1; *R. v. Gneist*, Der Rechtsstaat und die Verwaltungsgerichte in Deutschland, 2. Aufl. 1879, S. 15.

[25] *M. v. Seydel*, Bayerisches Staatsrecht, Bd. 1, 2. Aufl. 1896, S. 70.

Volkes [26] oder als organische Persönlichkeit und Personenverband, wie lange Zeit in der Staatslehre des 19. Jahrhunderts [27]. Auch die Qualifizierung des Staates als juristische Person, wie sie von dem Göttinger Juristen Albrecht zuerst 1837 vorgenommen wurde, steht in diesem Zusammenhang. Für Albrecht ging es darum, dem ethischen Prinzip, das im Staatsgedanken enthalten ist, ein „juristisches Gewand" zu geben, und er glaubte, dies könne und müsse dadurch geschehen, daß der Staat als juristische Person qualifiziert wird [28]. Der konkrete Bezugspunkt war, daß der Herrscher damit auch der juristischen Konstruktion nach *unter* den Staat gestellt wurde, nicht mehr persönlicher Souverän, sondern Staatsorgan war, seine Befugnisse von denen des Staates bzw. seiner Verfassung herleitete, und nicht umgekehrt [29].

3. Die Verselbständigung des Staates als einheitliche Herrschaftsorganisation und das dadurch entstehende Gegenübertreten von Staat und Gesellschaft brachte notwendig das Problem der Verhältnisbestimmung von Staat und Gesellschaft hervor. Besteht der Staat für die Gesellschaft oder besteht umgekehrt die Gesellschaft für den Staat? Diese Frage steht in Zusammenhang mit der grundlegenden Zweck- und Zielausrichtung, die der staatlichen Organisation zukommt.

Historisch war für die Entwicklung sicher zunächst das Interesse des Staatsausbaus und staatlicher Machtsteigerung vorrangig. Die Freisetzung der Gesellschaft in den Erwerb und zum Erwerb erfolgte von seiten des Landesherrn bzw. Monarchen vornehmlich deswegen, um durch Steigerung

[26] In diese Richtung etwa *R. Maurenbrecher,* Grundsätze des heutigen deutschen Staatsrechts, 1837, S. 20; *H. Schulze,* Einleitung in das deutsche Staatsrecht, 1867, S. 121.

[27] *Dahlmann,* Die Politik, auf den Grund und das Maß der Zustände zurückgeführt, 2. Aufl. 1847, S. 4; *G. Waitz,* Grundzüge der Politik, 1862, S. 1; *L. v. Stein,* Die Verwaltungslehre, Bd. 1, 2. Aufl. 1869, S. 4; *Bluntschli,* Allgemeines Staatsrecht, Bd. 1, 4. Aufl. 1863, S. 39/40; *O. v. Gierke,* Die Grundbegriffe des Staatsrechts und die neueren Staatsrechtstheorien, Neudruck 1905, S. 52 ff.; *H. Preuß,* Gemeinde, Staat, Reich als Gebietskörperschaften, 1888, S. 143 ff. Zur gemeinsamen Grundlage dieser „organischen", mit der Anerkennung der Eigenständigkeit von Staat und Staatsaufgaben zugleich auf eine Verbindung von Staat und Volk und damit letztlich eine – teilweise ungewollte – demokratische Konsequenz abzielenden Staatsauffassung s. *E. Kaufmann,* Über den Begriff des Organismus in der Staatslehre des 19. Jahrhunderts, 1908, S. 3–7; *P. v. Oertzen,* Die Bedeutung C. F. v. Gerbers für die deutsche Staatsrechtslehre, in: Staatsverfassung und Kirchenordnung. Festgabe für Rudolf Smend, 1962, S. 183–208 (188 ff.) und *E. R. Huber,* Deutsche Verfassungsgeschichte seit 1789, Bd. 2, 1960, S. 374–379.

[28] *W. E. Albrecht,* Rezension über Maurenbrechers Grundsätze des heutigen deutschen Staatsrechts: Göttingische Gelehrte Anzeigen 1837, S. 1489–1515 (1513). Dazu jetzt *H. Quaritsch,* a.a.O. (N. 17), S. 491 ff.

[29] Vgl. *E. R. Huber,* a.a.O. (N. 27), S. 377; *E.-W. Böckenförde,* Die deutsche verfassungsgeschichtliche Forschung im 19. Jahrhundert. Zeitgebundene Fragestellungen und Leitbilder, 1961, S. 94 f.

der Wirtschaftskraft und Vermehrung der Bevölkerung die staatlichen Finanzen aufzubessern und dadurch die Kosten für Hofhaltung und stehendes Heer, d. h. die Behauptung im europäischen Kräftespiel zu decken [30]. Jedoch brachte sich alsbald die immanente Logik des „Um-willen" der einheitlichen Staatsgewalt zur Geltung: die Sicherung von Leben, Recht, Freiheit und Selbstentfaltung der einzelnen. Diese Ziele und notwendigen Aufgaben waren es ja, die die Errichtung einer höchsten und letztentscheidenden Instanz (in der Person des Herrschers) und die umfassende „Anordnungsgewalt" dieser Instanz im vorherrschenden Bewußtsein der Zeit zu rechtfertigen vermochten [31]. Schon Hobbes, der gemeinhin als absolutistischer Staatstheoretiker gilt, hatte diesen Zusammenhang sehr deutlich gemacht, in seiner Erklärung der Staatsbegründung ebenso wie bei seiner Definition der Aufgabe des – formell absoluten – Herrschers [32]. Einen praktischen Niederschlag fand dieser Zusammenhang im aufgeklärten Absolutismus, soweit dieser in den einzelnen Staaten und Territorien zustande kam, und als rechtsförmliches Dokument sei wiederum auf das Preußische Allgemeine Landrecht von 1794 verwiesen [33]. Stärker noch, und mehr im Sinne einer Umkeh-

[30] Siehe dazu *Max Weber*, Wirtschaftsgeschichte, 1923, S. 292 ff.; O. *Hintze*, Wesen und Wandlung des modernen Staates, in: *ders.*, Staat und Verfassung, 2. Aufl. 1962, S. 470 bis 496 (476–482); *Carl Brinkmann*, Wirtschafts- und Sozialgeschichte, 2. Aufl. 1953, S. 108–116.

[31] Typisch für diese Entwicklung sind u. a. die politischen Testamente Friedrichs des Großen von 1752 und 1768; der notwendige Übergang von Staatsräson i. S. staatlicher Machtsteigerung zur Ausrichtung auf die grundlegenden, das Interesse der einzelnen aufnehmenden Staatszwecke (als Legitimierung staatlicher Machtsteigerung und Entscheidungsgewalt) wird in ihnen besonders deutlich. Zur Würdigung beider Testamente s. die Abhandlungen von O. *Hintze*, Das politische Testament Friedrichs des Großen von 1752 und Friedrich der Große nach dem Siebenjährigen Kriege und das Politische Testament von 1768, in: *ders.*, Regierung und Verwaltung, 2. Aufl. hrsg. von G. Oestreich, 1967, S. 429 ff., 448 ff.

[32] Siehe Elementa philosophica de cive, cap. 5 und 13. In die Begründung des Gesellschafts- und zugleich Staatsvertrags, die „unio", ist die Zweckausrichtung des Staates auf Frieden und Sicherheit ausdrücklich hineingenommen: ... requisitur ut *circa ea quae ad pacem et defensionem sunt necessaria* una omnium sit voluntas. Hac antem fieri non potest, nisi unusquisque voluntatem manu, alterues minus ... ita subiciat, ut pro voluntate omnium et singulorum habendum sit, quicquid *de iis rebus quae necessariae sunt ad pacem communem* ille voluerit (cap. 5, 6) (Hervorhebung von mir). Sie wird fortgeführt und konkretisiert in cap. 13 (de officiis eorum qui summum imperium administrant). Hobbes „Absolutismus" besteht darin, daß diese Pflichten nur solche legis naturalis, nicht solche legis positivae, d. h. einschlagbaren und erzeugbaren Rechts sind, weil andernfalls die Souveränität des Herrschers bzw. der Staatsgewalt, verstanden als die Zuständigkeit zur verbindlichen Letztentscheidung über die rechtlichen Gebote und Verbote, in Frage gestellt würde. Auch im „Leviathan" ist diese Zweckausrichtung und Verhältnisbestimmung von Staat und Individuum beibehalten. Vgl. dazu jetzt umfassend *B. Willms*, Die Antwort des Leviathan – Thomas Hobbes politische Theorie, 1970, S. 134–175.

[33] Dazu jetzt zusammenfassend *H. Conrad*, Staatsgedanke und Staatspraxis des aufgeklär-

rung der ursprünglichen Verhältnisbestimmung, heißt es in der Declaration des droits de l'homme et du citoyen, daß der Staat um der Gesellschaft willen, die er zunächst hervorgebracht hat, da sei. Artikel 2 und die Präambel bringen es zum Ausdruck: Der Zweck des Staates ist die Sicherung und Erhaltung der unveräußerlichen Menschenrechte des Individuums. Diese werden dann im einzelnen aufgezählt. Der dahinterstehende Gedanke ist der folgende: Die eine Gesellschaft der Freien und Gleichen konstituiert um ihrer Erhaltung willen eine einheitliche Herrschafts- und Ordnungsgewalt über sich, den Staat. Der Staat wird Staat der staatsbürgerlichen Gesellschaft, in der das Individuum Subjekt des Soziallebens ist und die als Basis dem Staat vorausliegt [34]. Daraus wird eine verbindliche Begrenzung der Reichweite staatlicher Tätigkeit gewonnen; sie findet ihren Niederschlag in den Freiheitsrechten des Individuums, den Menschen- und Bürgerrechten, die zugleich auch Freiheitsrechte der Gesellschaft als der Individuen in ihrem sozialen Zusammenhang sind. Die Unterscheidung und Gegenüberstellung von Staat und Gesellschaft wird hier verfestigt und verformt als Mittel individueller Freiheitssicherung.

Das kommt nicht von ungefähr. Die Erklärung der Menschen- und Bürgerrechte ist in weiten Teilen wesentlich auch ein Niederschlag der vernunftrechtlichen Staatstheorien, in Rechts- und Organisationsprinzipien gefaßt [35]. Es zeigt sich ein bemerkenswertes Ineinandergreifen von real- und geistesgeschichtlicher Entwicklung und Bewegung. Der Ausgangspunkt der vernunftrechtlichen Staatstheorie war stets, auch und gerade wo sie die alleinige und absolute Herrschaftsgewalt des Monarchen legitimierte, ein individualistischer: das einzelne, freie, aus den geschichtlichen Ordnungen und Verklammerungen gelöste Individuum [36]. Und dieses Individuum war zugleich

ten Absolutismus, 1971, passim; *ders.*, Das preußische Allgemeine Landrecht als Grundgesetz des friderizianischen Staates, 1965; *G. Birtsch*, Zum konstitutionellen Charakter des preußischen ALR, in: Festschrift für Th. Schieder, 1968, S. 97 ff. Aus der älteren Literatur: *F. Hartung*, Der aufgeklärte Absolutismus = *ders.*, Staatsbildende Kräfte der Neuzeit, 1961, S. 149–177 (154 ff.), *P. Klassen*, Die Grundlagen des aufgeklärten Absolutismus, 1929; *W. Dilthey*, Gesammelte Schriften, Bd. 12: Zur preußischen Geschichte, 2. Aufl. 1960, S. 131 ff.

[34] Siehe die eindrucksvolle Interpretation der Déclaration bei *L. v. Stein*, Geschichte der sozialen Bewegung in Frankreich von 1789 bis auf unsere Tage, Bd. 1, Ausg. Salomon, Neudruck 1959, S. 204 ff., 220 ff., und *J. Habermas*, Naturrecht und Revolution = *ders.*, Theorie und Praxis, 1963, S. 51–88 (57 ff.).

[35] Daneben auch physiokratische Lehren und Forderungen, vgl. *G. Oestreich*, Geschichte der Menschenrechte und Grundfreiheiten im Umriß, 1968, S. 53 ff.

[36] Dieser Ausgangspunkt liegt schon im Vertragsmodell der Begründung von Gesellschaft und Staat beschlossen. Gesellschaft und Staat bestehen damit als Zusammenschluß der Individuen und für sie, nicht als vorgegebene Institution, und sie entstehen um bestimmter, auf die Individuen bezogener Ziele und Zwecke willen, mögen diese im einzelnen

auch der Zielpunkt dieser Staatstheorie. Um seine Existenz als freies, aus geschichtlichen Ordnungen und Verklammerungen gelöstes Individuum zu ermöglichen und zu erhalten, wurde die Notwendigkeit einer einheitlichen und nur einzigen Entscheidungsgewalt begründet für alle die Angelegenheiten, die zur Erreichung und Gewährleistung von Frieden, Sicherheit und Freiheit notwendig sind. Danach bestimmen sich Inhalt und Umfang der Staatsgewalt. Was jenseits dieser Zweckbestimmung liegt, bleibt im eigentlichen Sinn vor-staatlich: die Freiheitssphäre des Individuums [37]. Der einzelne ist also nicht ganz und umfassend, sondern nur im Hinblick auf die Verwirklichung der grundlegenden Staatszwecke und -ziele in den staatlichen Herrschaftsbereich einbezogen und der staatlichen Herrschaftsgewalt unterworfen. Seine juristische Ausformung erhielt dieser in der vernunftrechtlichen Staatslehre entwickelte und begründete Gedankengang in dem sogenannten *rechtsstaatlichen Verteilungsprinzip* [38]. Danach sind die Zuständigkeiten des Staates prinzipiell begrenzt, umfassen nicht von vornherein das soziale Ganze, und der Staat bedarf jeweils des rechtlichen Titels, d. h. eines Nachweises der Erforderlichkeit zur Realisierung seiner Zweckbestimmung, um konkrete Zuständigkeiten, um Regulierungs- und Eingriffsbefugnisse in Anspruch zu nehmen. Die Grundrechte als Freiheitsrechte, als Ausgrenzungen von staatlicher Regulierungs- und Eingriffsmacht, bilden das Pendant dazu, und die Gewaltenteilung erscheint als das zugehörige, durch Balancierung der Staatsmacht freiheitssichernde Organisationsprinzip [39].

4. Auf diesem Stand der geschichtlichen Entwicklung war in der Tat das Verhältnis von Staat und Gesellschaft primär ein solches der Trennung. Der Staat setzte Individuen und Gesellschaft in die bürgerliche Freiheit, er erhielt sie darin durch die Aufrichtung einer allgemeinen, die Rechtsgleichheit und

eher umfassenden oder eher restriktiven Charakter tragen. Das Individuum ist der sozialen und politischen Gemeinschaft sachlich und systematisch vorgeordnet. Die Belege im einzelnen – immer noch grundlegend – bei O. *v. Gierke*, a.a.O. (N. 15), S. 379 ff., 405 ff.; s. ferner *Wieacker*, Privatrechtsgeschichte der Neuzeit, 2. Aufl. 1967, S. 267 ff., S. 272 ff.

[37] Siehe im einzelnen *Th. Hobbes*, Elementa philosophica de cive, cap. 5, 6 und 13 (oben N. 32); *John Locke*, Two Treatises on Government, T. 2, Nr. 124 ff.; *Kant*, Metaphysik der Sitten, T. 1, Bem. A nach § 49; *C. G. Svarez*, Vorträge über Staat und Recht (N. 13), S. 464–468; *C. H. Beck*, Natur- und Völkerrecht, in: Recht und Verfassung des Reiches zur Zeit Maria Theresias (N. 13), S. 204–208, 241/42, 282. Allgemeiner Überblick bei *Gierke*, a.a.O. (N. 15), S. 405–411.

[38] Siehe dazu *E. R. Huber*, a.a.O. (N. 72), S. 377 ff.; *Carl Schmitt*, Verfassungslehre, 5. Aufl. 1970, § 12, S. 126 ff.; *E. Forsthoff*, Zur heutigen Situation einer Verfassungslehre, in: Epirrhosis, Bd. 1, 1968, S. 195 ff.

[39] Dazu im einzelnen *Carl Schmitt*, a.a.O. (N. 38), §§ 13 und 14.

die bürgerliche Freiheit realisierenden Rechtsordnung. Der Staat als Herrschaftsorganisation war aber gegenüber dieser Gesellschaft abgesondert, er stand gewissermaßen in sich selbst, was soziologisch bedeutet: Er wurde getragen von Königtum, Beamten und Heer, teilweise auch dem Adel [40]. Sie wurden nicht eigentlich als zur (bürgerlichen) Gesellschaft gehörend angesehen.

Gerade an dieser Phase der relativ strikten Trennung von Staat und Gesellschaft hat sich indessen die Kritik entzündet. Der Dualismus von Staat und Gesellschaft führe zwar zur bürgerlichen Freiheit, aber er führe nicht zur politischen Freiheit. Die freigesetzte Gesellschaft bleibe eingeschränkt auf den privaten Bereich und den Bereich des Erwerbs, sie erhalte aber keinen Anteil an der politischen Entscheidungsgewalt. Die Trennung von Staat und Gesellschaft könne daher nur eine historische Durchgangsphase bezeichnen, die dem Spätabsolutismus und frühen Konstitutionalismus zugeordnet sei, aber mit dem Übergang zu einem demokratischen Staatsaufbau Sinn und Berechtigung verloren habe [41].

In dieser Kritik wird eine bestimmte Phase der Verhältnisbestimmung von Staat und Gesellschaft gleichgesetzt mit der Unterscheidung und Gegenüberstellung von Staat und Gesellschaft schlechthin. Die Ausgestaltung der Beziehungen von Staat und Gesellschaft in diesem, auf strikte Trennung zielenden Sinn war indessen nur eine mögliche, aber keineswegs die notwendige, strukturell geforderte Form des Verhältnisses von Staat und Gesellschaft. Schon im 19. Jahrhundert wurde sie theoretisch und praktisch überwunden. Bereits die Erklärung der Menschen- und Bürgerrechte ging in ihrem Artikel 6 davon aus, daß das Gesetz als das maßgebliche Ordnungsmittel des Staates gegenüber der Gesellschaft (Artikel 4) gebunden sei an die Mitwirkung des Volkes, sei es unmittelbar oder durch seine Repräsentanten [42]. Damit wurde Einflußnahme auf den Staat und die staatlichen Entscheidungen durch die Gesellschaft und aus der Gesellschaft heraus ausdrücklich vorgesehen. Die Ausgestaltung dieser Mitwirkung im Sinne des Zensuswahl-

[40] Siehe dazu – für die größeren der deutschen Einzelstaaten – den Sammelband Staat und Gesellschaft im deutschen Vormärz, hrsg. v. Conze, 2. Aufl. 1970, ferner die lange Zusammenfassung bei *E. R. Huber,* a.a.O. (N. 27), S. 309–311. Frankreich durchlief diese Phase nach dem Scheitern der verschiedenen Revolutionsverfassungen während der Herrschaft Napoleons; vgl. die eindringliche Darstellung bei *L. v. Stein,* a.a.O. (N. 34), Bd. 1, S. 408–426.

[41] Vgl. etwa *Ehmke,* a.a.O. (N. 1), S. 36 ff.; *Hesse,* a.a.O. (N. 1), S. 8; *K. H. Preuß,* Zum staatsrechtlichen Begriff des Öffentlichen, 1970, S. 84–86 u. ö.

[42] „La loi est l'expression de la volonté générale. Tous les citoyens ont le droit de concourir personnellement ou par leurs représentants à sa formation ..." (*Altmann,* Ausgewählte Urkunden [N. 23], S. 58 f.).

rechts, die das 19. Jahrhundert weithin kennzeichnet, brachte zum Ausdruck, daß das erwerbende und besitzende Bürgertum als Repräsentant der bürgerlichen Gesellschaft angesehen wurde. Auch die frühliberale und nachhegelsche Staatslehre in Deutschland ging davon aus, daß die bestimmende Teilnahme der Bürger an der gesetzgebenden Gewalt ein unverzichtbares Merkmal des Gesetzes selbst sei [43]. Lorenz v. Stein bestimmt gerade aus diesem Grund das Gesetz als den *freien* Staatswillen, der die Selbstbestimmung der Einzelpersönlichkeit in sich aufgenommen habe. „Das Gesetz ist daher weder bloß der allgemeine Wille noch bloß der Staatswille, sondern es ist der freie Staatswille, das ist der Staatswille, der die Selbstbestimmung der Einzelpersönlichkeit auf dem organischen Wege der Verfassung in sich aufnimmt. Und in diesem Sinne sagen wir, daß das Gesetz zugleich der ethische Staatswille sei, in dem seine Grundlage die, vermöge der Selbstbestimmung, in jedem einzelnen enthaltene sittliche Freiheit des einzelnen ist." [44]

Damit war nicht mehr eine Trennung im Sinne eines beziehungslosen Dualismus, sondern eine Wechselbeziehung auf der Grundlage einer organisatorisch-institutionellen Unterscheidung von Staat und Gesellschaft gesetzt und gefordert. Wie unterschiedlich diese Wechselbeziehungen sich im einzelnen gestalten können, hat Lorenz v. Stein in seiner Geschichte der sozialen Bewegung in Frankreich, die weitere Entwicklung vorausgreifend, analysierend dargetan. Er hat dabei auch gezeigt, daß sie den Übergang zur Demokratie keineswegs ausschließt [45]. Allerdings ist hervorzuheben, daß gegen die mögliche Entwicklung zur demokratischen Staatsform, ebenso gegen sozialpolitische Aktivitäten zugunsten bestimmter Gesellschaftsgruppen, insbesondere der Arbeiterschaft, gerade im 19. Jahrhundert die Trennung von Staat und Gesellschaft nicht selten als politisches Abwehrargument ins Feld geführt wurde. Das hat mit dazu beigetragen, daß die Unterscheidung von Staat und Gesellschaft weithin mit einer strikten Trennung, die obrigkeitsstaatliche Züge trägt, gleichgesetzt wurde.

Ungeachtet dessen bleibt natürlich die Frage bestehen, ob die Unterschei-

[43] Siehe *E.-W. Böckenförde,* Gesetz und gesetzgebende Gewalt, 1958, S. 129 f.

[44] Die Verwaltungslehre, Bd. 1, 1, 2. Aufl. 1869, S. 86.

[45] Geschichte der sozialen Bewegung (N. 34), Bd. 3, S. 123–147, 168–211. Die von Stein hier in der „Lehre von der Republik" entfalteten strukturellen Probleme der Demokratie unter der Bedingung und auf der Grundlage der Unterscheidung von Staat und Gesellschaft werden nicht selten infolge einseitiger Orientierung an der von ihm entwickelten Idee des sozialen Königtums vernachlässigt, womit L. v. Stein zu Unrecht als Theoretiker der konstitutionellen Monarchie und „Konservativer" erscheint, der er in dieser Form nicht gewesen ist. Vgl. auch *E.-W. Böckenförde,* Lorenz von Stein als Theoretiker der Bewegung von Staat und Gesellschaft zum Sozialstaat, in: Alteuropa und die moderne Gesellschaft. Festschrift für Otto Brunner, 1963, S. 428–279 (266–272).

dung und Gegenüberstellung von Staat und Gesellschaft, wie sie sich geschichtlich herausgebildet hat und welcher verschiedenen Ausgestaltungen sie fähig sein mag, angesichts des Übergangs zur Demokratie, des Übergangs zum Sozialstaat der Daseinsvorsorge und angesichts der zunehmenden Identifikation von Staat und Wirtschaft, deren Zeitgenossen wir sind, nicht gleichwohl leerlaufen muß. Ist sie nicht, so stellt sich die Frage, eine Hülse geworden, der die politisch-soziale Wirklichkeit entglitten ist und die daher auch nicht mehr Bedingung individueller Freiheit sein kann? Diese Frage ist mit den bisherigen, historisch genetischen Überlegungen noch nicht beantwortet.

II.

Um eine Antwort auf diese Frage geben zu können, erscheint es notwendig, sich zunächst über Inhalt und Funktion der Unterscheidung von Staat und Gesellschaft noch weiter zu vergewissern. Nicht nur die praktisch-politischen, auch die theoretischen Einwände, die die Gegenüberstellung von Staat und Gesellschaft für wertlos und nicht (mehr) erkenntnisfördernd halten, sind ja zahlreich.

1. Nehmen wir als Ausgangspunkt den verbreiteten Einwand, der aus dem Verständnis der Trennung von Staat und Gesellschaft als einer Gegenüberstellung zweier Verbände hervorgeht. Am deutlichsten ist dieser Einwand von Horst Ehmke formuliert worden. Welchen Sinn, so fragt er, kann die Gegenüberstellung und Trennung von Staat und Gesellschaft haben, da es sich doch eigentlich praktisch um denselben menschlichen Verband handelt [46]. Er erläutert das am Beispiel der Intervention des Staates in die Wirtschaft: „Welchen Sinn kann es haben, wenn wir etwa im Wirtschafts- oder im Verfassungsrecht davon sprechen, daß der Staat in ‚die Wirtschaft' – als das Kernstück der modernen Gesellschaft – interveniert. Intervenieren wir, die wir alle Staatsangehörige sind und alle irgendwie in der Wirtschaft stehen, dabei nicht in uns selbst?" [47] Ehmke erklärt, daß auch die Reduzierung des Staates auf den staatlichen Apparat, also auf den Bereich der Regierungsorganisation und Behörden, keine Lösung des Problems darstelle, denn bei der Staatsangehörigkeit und in der staatlichen Verfassung werde ja auf den Verband im ganzen zurückgegriffen, sei dieser der maßgebliche Bezugspunkt. Ehmke schlägt deshalb vor, in Anknüpfung an die amerikanische

[46] *Ehmke*, a.a.O. (N. 1), S. 24/25.
[47] A.a.O. (N. 1), S. 25.

Theorie, von dem einheitlichen politischen Gemeinwesen, der political society auszugehen und ihr das *government* als den Inbegriff der Leitungsfunktion innerhalb dieses politischen Gemeinwesens gegenüberzustellen. Dieses government stehe nicht „über" dem Gemeinwesen, sei auch nicht mit ihm identisch, sondern stelle eine bestimmte Funktion des einheitlichen politischen Gemeinwesens dar [48].

Dieser Einwand Ehmkes scheint zunächst zu bestechen. Seine Schwäche, die ihn schließlich zu Fall bringt, liegt indessen darin, daß in ihm für die Gesellschaft wie für den Staat eine Verbandsvorstellung zugrunde gelegt wird, die Staat und Gesellschaft je als umfassenden Personenverband begreift und dann folgert, daß ein solcher Personenverband für dieselben Menschen nur einmal möglich sei [49]. Die mangelnde Tragfähigkeit dieser Vorstellung wird deutlich, wenn wir die Unterscheidung und Gegenüberstellung von Staat und Kirche ins Auge fassen. Damit das Problem klarer wird, gehe ich – als Arbeitshypothese – davon aus, daß die Bürger eines Staates alle einer Kirche zugehören, daß wir also einen konfessionell geschlossenen Staat vor uns haben. Weder als Möglichkeit noch als Wirklichkeit wird für einen solchen Staat die Unterscheidung und auch Trennung von Staat und Kirche bestritten. Auch ein strenger Dualismus wird als Möglichkeit anerkannt. Es handelt sich aber letztlich um das gleiche Grundproblem wie beim Verhältnis von Staat und Gesellschaft. Sind es, wenn man von der Verbandsvorstellung ausgeht, nicht auch hier zwei Verbände, die für dieselben Menschen bestehen? Und wenden wir das Argument, das Ehmke im Hinblick auf das Verhältnis von Staat und Wirtschaft bringt, auf das Verhältnis von Staat und Kirche an: Welchen Sinn kann es haben, würde es umformuliert lauten, wenn wir etwa im Staatskirchen- oder im Verfassungsrecht davon sprechen, daß der „Staat" in die Kirche – als ein Kernstück der modernen Gesellschaft – interveniere; intervenieren wir, die wir alle Staatsangehörige sind und alle irgendwie einer Kirche zugehören, dabei nicht in uns selbst? Weder die Schlußfolgerung noch der kritische Ansatz wirken hier in irgendeiner Weise überzeugend. Was ist der sachliche Grund dafür?

Weder Staat noch Kirche sind Verbände im landläufigen, von Ehmke offensichtlich gemeinten Sinn, sondern sie sind Organisationen, genauer: organisierte Wirkeinheiten. Sie erfassen je bestimmte und nur bestimmte Verhaltensbereiche und Verhaltenssphären der einzelnen, organisieren und aktualisieren sie mit wechselnder Intensität zu einem planmäßigen und einheitlichen Verhalten. Aus diesem Organisations- und Aktualisierungsvor-

[48] *Ehmke,* a.a.O. (N. 1), S. 26, 45 ff.

[49] *Ehmke,* a.a.O. (N. 1), S. 24/25. Siehe auch die Kritik bei *Isensee,* a.a.O. (N. 4), S. 150 f., 153.

gang entstehen verschiedene real aufweisbare und sich institutionell verfestigende (organisierte) Wirkeinheiten [50]. Weil und soweit diese Einheiten nur über *bestimmten*, je begrenzten Verhaltensbereichen einzelmenschliches Verhalten vereinheitlichen und organisieren, können mehrere Organisationen nebeneinander über dem gleichen Menschen bestehen. Staat und Kirche sind grundsätzlich voneinander geschieden durch die unterschiedlichen Verhaltensbereiche und Zwecke, die sie erfassen, einerseits die weltlichen, andererseits die geistlichen Angelegenheiten [51]. Da diese Scheidung indes nur eine grundsätzliche ist, im einzelnen jedoch vielfache Überschneidungen stattfinden – das Verhältnis von innen und außen, Moral und Recht ist kein streng teilbares, sondern geht ineinander über –, gibt es zwischen Staat und Kirche einen gemeinsamen Vektor, der seinen Ausdruck u. a. in dem Begriff der res mixtae gefunden hat, und das Problem der Entscheidungszuständigkeit für die Abgrenzungsfragen [52]. Es sind daher jeweils Bereichsabgrenzungen

[50] Dieser Zusammenhang ist erstmals, soweit ich sehe, systematisch entwickelt bei *Hermann Heller*, Staatslehre (N. 8), S. 88 ff., 238 ff., der soziologische Organisationslehren, insbesondere die von Plenge und O. Spann, für den Erkenntniszusammenhang der Staatslehre aktualisiert hat.

[51] Die grundsätzliche Unterscheidung zwischen „geistlich" und „weltlich", die zuerst von den Theologen des Investiturstreits entwickelt worden ist (vgl. dazu *A. Mirgeler*, Rückblick auf das abendländische Christentum, 1961, S. 109 ff.), und die Begrenzung des Staates auf weltliche Angelegenheiten, die, ungeachtet ihrer erst allmählichen und stufenweisen Realisierung, zum Ursprungstelos des Staates kraft seiner Entstehung aus den konfessionellen Bürgerkriegen gehört (vgl. *R. Schnur*, Die französischen Juristen im konfessionellen Bürgerkrieg, 1960, S. 21 ff.), hat das Nebeneinander von Staat und Kirche als je selbständigen *Organisationen*, gerichtet auf weltliche und geistliche Angelegenheiten, möglich gemacht. Der grundlegende Unterschied zur mittelalterlichen Ordnung besteht darin, daß in dieser geistliche und weltliche Aufgaben zwar auch in der Regel von verschiedenen, z. T. indes auch gemischten Ämtern wahrgenommen wurden, aber innerhalb einer einheitlichen Organisation. Das ist der Kern der sog. religiös-politischen Einheitswelt des Mittelalters (s. dazu *E.-W. Böckenförde*, Die Entstehung des Staates als Vorgang der Säkularisation, in: Säkularisation und Utopie. Ebracher Studien, 1967, S. 77 ff.). Die insbesondere in den Lehrbüchern des katholischen Kirchenrechts vorgetragene Definition von Staat und Kirche als societates perfectae, die sich nach ihren Zwecken unterscheiden (vgl. *A. Ottaviani*, Institutiones iuris publici ecclesiastici, Vol. 1, 4. Aufl. 1958, S. 29 ff., 141 ff.; *J. B. Sägmüller*, Lehrbuch des katholischen Kirchenrechts, Bd. 1, 3. Aufl. 1944, §§ 1–3), hat für das neuzeitliche Verhältnis von Staat und Kirche daher eine strukturelle Richtigkeit, sofern man den Begriff societas perfecta als in sich stehende, aus sich selbst aktionsfähige Organisation neu versteht.

[52] Insofern Staat und Kirche Organisationen sind, die Verhaltensbereiche und Verhaltensleistungen ihrer Glieder potentiell *umfassend* beanspruchen, weil ihre Zwecke nicht gegenständlich abgegrenzte und abgrenzbare sind – der „geistliche" Anspruch des Glaubens richtet sich in eminentem Maße auch auf soziales „weltliches" Verhalten, und der Staat kann weltlich-soziales Verhalten seiner Glieder nicht schon wegen dessen „geistlicher", glaubensmäßiger Motivation von seiner Regulierungsmacht ausschließen –, stehen sie auf gleicher Ebene und bestreiten mit Notwendigkeit einander die Kompetenz des anderen, die Abgrenzung der geistlichen von den weltlichen Angelegenheiten und umgekehrt allein

zwischen Staat und Kirche notwendig, die den Umfang und evtl. Inhalt der beiderseitigen Verhaltensaktualisierung festlegen, sowie Konkordanzregelungen, die das rechtsförmlich festhalten und zum Ausgleich bringen.

2. Aus dieser Analyse des Verhältnisses Staat – Kirche ergibt sich eine wichtige Einsicht für das Staat-Gesellschaft-Problem. Der Staat ist nicht ein Verband in dem von Ehmke gemeinten Sinn, sondern Organisation bzw. organisierte Wirkeinheit. Dies ist eine der grundlegenden Erkenntnisse Hermann Hellers, deren Tragweite erst heute voll begriffen wird [53]. Im Zusammenhang unseres Themas ist diese Erkenntnis in dreifacher Richtung von Bedeutung:

a) Der Staat als Organisation besteht nicht als substantielle Willenseinheit, als eigene Persönlichkeit oder Personeneinheit, sondern er besteht als Einheit menschlicher Verhaltensleistungen [54]. Er entsteht auch nicht schon durch das Bestehen einer sozial-psychischen Erlebniseinheit und kultureller Gemeinsamkeit, wenngleich er beides in gewissem Umfang zu seiner Voraussetzung hat, sondern erst aus bewußter Einheitsbildung und Organisation. Durch zielgerichtete einheitliche Aktualisierung und Regulierung einzelmenschlicher Verhaltensleistungen, die ihren Ausgangs- und Kristallisations-

vornehmen zu können. Der (neuzeitliche) Staat hat kraft seiner Souveränität diese Abgrenzungskompetenz grundsätzlich beansprucht und vielfach durchzusetzen gesucht, dabei jedoch den Widerstand der Kirchen und innere Konflikte, die seine eigene Macht nicht selten in Frage stellten, hervorgerufen. Daran wird deutlich, daß es sich bei dieser Abgrenzungsfrage einerseits auch um eine Frage der Macht, genauer: der durch die Verhaltens- und Leistungsbereitschaft ihrer Glieder vermittelten Mächtigkeit von Staat und Kirche als Organisationen handelt, andererseits um eine fundamentale Form der Gewaltenteilung. Eine beiderseits akzeptable Lösung ist nur auf der Grundlage einerseits der richtig verstandenen „Neutralität" des Staates (vgl. dazu neuestens *Klaus Schlaich*, Neutralität als verfassungsrechtliches Prinzip, 1972), andererseits eines politische Herrschaftsansprüche aufgebenden Selbstverständnisses der Kirche(n) (vgl. dazu *Mikat*, Kirche, Gesellschaft, Staat: Die politische Meinung, Heft 115 [Juni 1966], S. 38–46) zu gewinnen.

[53] Siehe dazu *Luhmann*, Grundrechte als Institution (N. 1), S. 17. Die Bedeutung für die Staats(rechts)lehre besteht nicht zuletzt darin, daß durch den Begriff der Organisation bzw. organisierten Wirkeinheit der jahrzehntelange Streit um die Realitätsform der menschlichen Sozialgebilde, der sich zuletzt in den Positionen: reale Verbandspersönlichkeit, Organismus (*O. v. Gierke*, Das Wesen der menschlichen Verbände, 1902, Neudruck 1954, S. 13 ff.) – nur gedankliche, im Bewußtsein bestehende Einheit und Zusammenfassung (*G. Jellinek*, Allgemeine Staatslehre, 3. Aufl. 1914, S. 179) festgelaufen hatte und auch durch die Integrationslehre, die die Realität in einer sozialpsychischen Erlebniseinheit statt in einer Wirk- und Handlungseinheit suchte, nicht weitergebracht wurde, eine produktive Auflösung erfährt.

[54] *Heller*, a.a.O. (N. 8), S. 228 ff., insbes. 232 ff., auch zum Folgenden; ebd. S. 236 die prägnante Formulierung: „Der Staat ist keine Normordnung; er ist auch nicht das ‚Volk'; er besteht nicht aus Menschen, sondern aus menschlichen Leistungen."

punkt in leitenden Organen und Ämtern und den darin bzw. dahinter stehenden Personen hat, entsteht ein einheitlicher Handlungs- und Wirkungszusammenhang. Dieser einheitliche Handlungs- und Wirkungszusammenhang wird letztlich getragen von der (wie immer motivierten) Bereitschaft der einzelnen, ihr Verhalten in bestimmtem Umfang und bestimmter Richtung aktualisieren und regulieren zu lassen; er setzt eine relative Homogenität der einzelnen, ein gewisses Maß an Willensvereinheitlichung unter ihnen als seine Grundlage voraus [55]. Er ist andererseits nicht nur, wie etwa Georg Jellinek und Max Weber meinten, eine gedankliche Vorstellung, Produkt unseres Denkens, sondern eine wahrnehmbare, kausal wirkende Realität [56].

Diese Gegebenheiten finden sich nicht nur beim Staat; vielmehr bewirken die gleichen Individuen auf diese Weise eine Mehrzahl von Organisationen: kirchliche, ökonomische, kulturelle und eben auch politische Organisationen. Der Vorgang ist strukturell gleichartig. Es werden je bestimmte Verhaltensleistungen und Verhaltensbereiche der einzelnen durch die betreffende Organisation in Anspruch genommen und einheitlich aktualisiert, auf die je eigenen Handlungsziele dieser Organisation hin. Im Verhältnis der Organisationen untereinander entstehen dadurch Konkurrenz und Rivalität, die nicht selten in verdeckte oder offene Machtauseinandersetzungen hineinführen. Das Problem politisch-sozialer Ordnung, das sich daraus ergibt, besteht darin, die verschiedenen Organisationen miteinander in Beziehung zu setzen, ihre Funktionen zu differenzieren, die Bereiche, in denen sie einzelmenschliches Verhalten aktualisieren können, zu begrenzen, Raum freizulassen für spontane Organisationsbildungen und -auflösungen und vor allem dafür Sorge zu tragen, daß eine volle, totale Inanspruchnahme individueller Verhaltensleistungen durch *eine* Organisation ausgeschlossen wird [57]. Nicht allein, aber wesentlich auch dadurch wird Freiheit der einzelnen effektiv.

[55] *Heller,* a.a.O. (N. 8), S. 230, 234 f. Wichtig ist, daß zwar eine Willensvereinheitlichung stattfinden und eine Homogenität vorhanden sein muß, aber nur eine *relative* Willensvereinheitlichung und Homogenität. Der Umstand, daß volle Willensvereinheitlichung bzw. Homogenität gleichbedeutend ist mit Totalitarismus, darf nicht übersehen lassen, daß relative Willensvereinheitlichung und Homogenität unerläßliche Bedingungen einer staatlichen Einheit sind, und zwar gerade, weil der Staat nicht selbst schon eine Willenseinheit, sondern (nur) Organisation bzw. organisierte Wirkeinheit ist.

[56] Darin liegt der richtige Kern der Theorie der realen Verbandspersönlichkeit und der Organismusvorstellungen, vgl. *Heller,* a.a.O. (N. 8), S. 98.

[57] In der modernen Soziologie, insbesondere soweit sie systemtheoretisch orientiert ist, wird dieses Problem unter dem Stichwort der „sozialen Differenzierung" diskutiert. So sieht *Luhmann,* a.a.O. (N. 1), S. 22 ff., die Funktion der Grundrechte gerade darin, Tendenzen des „politischen" Systems und anderer Untersysteme der Gesellschaft zur Entdifferenzierung abzuwehren. Über die Bedeutung der Differenzierung zwischen Kirche und Staat in diesem Zusammenhang siehe oben N. 52.

b) Aus dem Charakter des Staates als Organisation ergibt sich zum andern, daß er nicht unabhängig von den Menschen gedacht werden kann, die allererst durch ihr planendes, entscheidendes und ausführendes Handeln den organisierten Handlungszusammenhang, die Wirkeinheit, als die sich der Staat darstellt, hervorbringen. Diese Menschen kommen aber, da und sofern kein rechtlich unangreifbarer Herrschaftsstand mehr besteht, aus der Gesellschaft, stehen zugleich auch in gesellschaftlichen Beziehungs- und Interessenzusammenhängen. Es ist zwar möglich und für ein sinnentsprechendes Handeln der Organisationseinheit Staat auch erforderlich, daß sie durch einen Rollenwechsel eine relative Distanz zu ihrer gesellschaftlichen Interessenbestimmtheit und Herkunft gewinnen, daß sie sich ganz in die Aufgabe und Rolle der Wahrnehmung staatlicher Befugnisse hineingeben [58], aber sie hören keineswegs mit der Übernahme staatlicher Ämter, d. h. der staatlichen Organisations- und Vereinheitlichungsbefugnisse schon eo ipso auf, auch Glieder der Gesellschaft zu sein. Das Problem, das sich daraus ergibt, daß nämlich die zur Wahrnehmung der allgemeinen, d. h. allen einzelnen gemeinsamen Angelegenheiten begründeten staatlichen Vereinheitlichungs- und Regulierungsbefugnisse nicht zu diesem Zweck, sondern auch oder vorwiegend zugunsten partikulärer gesellschaftlicher (Gruppen-)Interessen eingesetzt werden, ohne daß diese zuvor einem Abwägungs- und Ausgleichungsprozeß unterworfen sind, ist uns allen bekannt [59]. Dieser Gefahr soweit als möglich zu steuern, bedarf es spezifischer organisatorischer Vorkehrungen für den politischen Willensbildungs- und staatlichen Entscheidungsprozeß, der Konkretisierung rechtlicher Bindungen des staatlichen Amtshandelns und – nicht zuletzt – der Ausbildung und steten Erneuerung eines spezifischen „Amtsethos" bei den Inhabern der staatlichen Ämter und Amtsbefugnisse [60].

[58] Darin liegt der Sinn und die Notwendigkeit eines Berufsbeamtentums – gerade auch in einem demokratischen Staat – als loyaler, an Verfassung, Gesetzen und Regierungsentscheidungen orientierter Verwaltungs- und Arbeitsstab wechselnder politischer Führung; das Problem besteht freilich ebenso für die Inhaber der politischen Führungsämter selbst. Die heutigen Versuche, das Beamtenverhältnis unter dem Leitwort „Demokratisierung" in ein Arbeitsverhältnis umzugestalten, das keine spezifische, für das Beamtenverhältnis bisher charakteristische (wenn auch in abnehmendem Maß realisierte) Indienst- und Inpflichtnahme über normale Arbeitnehmerpflichten hinaus enthält, beruhen auf einer Verkennung unerläßlicher Funktionsbedingungen der staatlichen Organisationseinheit. Eine andere Frage ist freilich, wieweit, um einen so geprägten Beamtenstab zu erhalten, nicht eine drastische Reduzierung der Zahl der Beamtenverhältnisse, die heute vielfach aus Gründen der besonderen sozialen Sicherung erstrebt werden, erforderlich wäre und ihre Begrenzung auf die Wahrnehmung wirklicher hoheitlicher Aufgaben. Vgl. die Verhandlungen des 48. Dt. Juristentages, Bd. 2, Teil O: Empfiehlt es sich, das Beamtenrecht unter Berücksichtigung der Wandlungen von Staat und Gesellschaft neu zu ordnen?, 1970.

[59] Eine prägnante Analyse dieses Zusammenhangs bei *J. Fijalkowski,* Artikel „Herrschaft", in: Evangelisches Staatslexikon, 1966, Sp. 758.

[60] Siehe dazu *H. Krüger,* Staatslehre, 1964, S. 256 ff., 265 ff.; *ders.,* Amt und Amtsgewalt,

c) Wenngleich der Staat gegenüber der Gesellschaft organisatorisch verselbständigt ist, ist er nichtsdestoweniger, gerade als Organisation, funktional auf die Gesellschaft bezogen. Er nimmt eine notwendige Erhaltungs-, Sicherungs- und auch Veränderungsfunktion für die Gesellschaft als ganze wahr [61]. Daß er diese Funktion wahrnimmt, ist eine Bedingung für den Bestand der Gesellschaft. Die in Freiheit gesetzte und in Freiheit sich entfaltende Gesellschaft ist, zumal als dynamische Erwerbs- und Industriegesellschaft, keineswegs selbstregulativ [62]. Sie bedarf einer übergreifenden, entscheidungsbefugten Organisation, die nicht bloß mit anderen gesellschaftlichen Organisationen auf gleicher Ebene konkurriert, sondern als höchste und insofern souveräne Organisation in der Lage ist, auseinanderstrebende gesellschaftliche Interessen in eine gemeinsame Ordnung einzubinden, entstehende Konflikte beizulegen oder vorab zum Ausgleich zu bringen, eine verbindliche Rahmenordnung für das Handeln der Gesellschaft und in der Gesellschaft festzulegen, fortzuentwickeln und in ihrer Geltung zu gewährleisten [63]. Der Staat besteht als politische Entscheidungseinheit und Herrschaftsorganisation *für* die Gesellschaft oder, wenn man will, über ihr. Es besteht eine notwendige und mannigfache Wechselbeziehung, ohne daß die funktionale Unterscheidung und organisatorische Sonderung von Staat und Gesellschaft dadurch aufgehoben wird. Diese Unterscheidung und Sonderung bewirkt keine Isolierung oder ein Auseinanderreißen von Staat und Gesellschaft, sie ist vielmehr die Grundlage für eine besondere Beziehungs*intensität* zwischen beiden [64]. Martin Drath spricht mit Recht davon, daß keines der beiden Teilsysteme, gemeint sind Staat und Gesellschaft, für sich selbst steht und ein aus sich erklärbarer Teil des Gesamtsystems sei. „Die Gesellschaft ist nicht staatsfrei zu denken und der Staat nicht als frei von der Gesellschaft und gesellschaftlichen Einwirkungen.“ [65]

in: Verfassung, Verwaltung, Finanzen. Festschrift für Gerhard Wacke, 1972, S. 13 ff.; *W. Hennis,* Amtsgedanke und Demokratiebegriff, in: Staatsverfassung und Kirchenordnung. Festgabe für Rudolf Smend, 1962, S. 51–70; *Henke,* a.a.O. (N. 4), S. 11 ff.

[61] *Martin Drath,* Der Staat der Industriegesellschaft: Der Staat 5 (1966), S. 274 ff.

[62] *Drath,* a.a.O. (N. 61), S. 275 f.; eingehend *Herzog,* Allgemeine Staatslehre, 1971, S. 54 ff.

[63] Im einzelnen dazu *Herzog,* a.a.O. (N. 62), S. 133 ff.; *Drath,* a.a.O. (N. 61), S. 275/276, S. 279 f.

[64] Siehe dazu den Hinweis bei *Luhmann,* a.a.O. (N. 1), S. 30; dieser Hinweis rechtfertigt zwar die Aufgabe der Vorstellung einer strikten Trennung von Staat und Gesellschaft, nicht aber die einer organisatorisch-institutionellen Unterscheidung von Staat und Gesellschaft.

[65] *Drath,* a.a.O. (N. 61), S. 276. Interaktionsprozesse zwischen Gesellschaft und Staat, von der Gesellschaft auf den Staat hin und in ihn hinein, um die Art der Ausübung der staatlichen politischen Entscheidungsgewalt zu bestimmen, und vom Staat in die Gesellschaft hinein, um die Leistungen und Leistungsbereitschaft der einzelnen für den Staat zu erhalten, sind nicht etwas Irreguläres, sondern *notwendige* Elemente der Unterscheidung und

3. Nach diesen Überlegungen erscheint es nunmehr möglich, den Realitäts- und Freiheitsgehalt der Unterscheidung von Staat und Gesellschaft zusammenfassend zu formulieren.

(1) Die Herausbildung des Staates als selbständiger Organisations- und Wirkeinheit führt eine Konzentration der vorher vielfach zerstreuten politischen Herrschafts- und Entscheidungsgewalt herauf und zugleich die Emanzipation der einzelnen von anderer als dieser politischen Herrschaftsgewalt. Auf diese Weise wird das Potential an Friedens- und Freiheitsbedrohung, das in der Gesellschaft zunächst diffus und ungreifbar verstreut vorhanden ist und neu entsteht, an einer Stelle zusammengefaßt und einheitlich entscheidungsfähig gemacht [66]. Die Friedens- und Freiheitsfrage wird allgemein und einheitlich entscheidbar und der Entscheidungsprozeß entsprechend organisierbar.

(2) Die Unterscheidung von Staat und Gesellschaft führt zu einer relativen Verselbständigung – nicht einer absoluten, aber einer relativen Verselbständigung – der notwendigen politischen Entscheidungsfunktionen gegenüber gesellschaftlicher Unmittelbarkeit. Sie bewirkt, daß gesellschaftliche Macht sich nicht unmittelbar in politische Macht umsetzt, daß derjenige, der gesellschaftlich mächtig ist, nicht eo ipso auch über politische Entscheidungsgewalt verfügt, insbesondere nicht über die Möglichkeit, allgemeinverbindliche Anordnungen zu treffen [67]. Ermöglicht wird dies durch die Organisiert-

organisatorisch-institutionellen Sonderung von Staat und Gesellschaft; andererseits heben sie Sinn und Funktion der Unterscheidung und Sonderung von Staat und Gesellschaft keineswegs auf. Die Festlegung von Art, Umfang und verfahrensmäßiger Gestaltung dieser Einflußnahmen und Einwirkungsmöglichkeiten ist die Grundfrage der Staats- und Verfassungsform. Dazu näher *E.-W. Böckenförde,* Die Bedeutung der Unterscheidung von Staat und Gesellschaft im demokratischen Sozialstaat der Gegenwart, in: Rechtsfragen der Gegenwart. Festschrift für Wolfgang Hefermehl, 1972, S. 18–20.

[66] *Luhmann,* a.a.O. (N. 1), S. 57; dazu *Podlech,* Grundrechte und Staat: Der Staat 6 (1967), S. 341 ff. (344, 353).

[67] Siehe dazu auch *H. Heller,* a.a.O. (N. 8), S. 135 ff. *Luhmann,* a.a.O. (N. 1), S. 21 ff., spricht – in systemtheoretischer Terminologie – davon, daß der Prozeß sozialer und funktionaler Differenzierung das „politische System" *relativ autonom* von anderen gesellschaftlichen Untersystemen gemacht habe. Das bedeutet in der Sache das gleiche. Wenn die engagierte „Systemkritik" in der BRD darauf abhebt, daß der Staat heute zu stark oder allein Instrument der Wirtschaftsmacht und partikulärer Wirtschaftsinteressen sei (vgl. statt anderer *J. Hirsch – St. Leibfried,* Materialien zur Bildung und Wissenschaftspolitik [ed. Suhrkamp 480], 1971; *J. Hirsch,* Wissenschaftlich-technischer Fortschritt und politisches System [ed. Suhrkamp 437], 1970), so berührt es eigenartig, daß als Abhilfe nicht eine Verstärkung der organisatorisch-institutionellen Unterscheidung von Staat und Gesellschaft und damit eine Stärkung der relativen Verselbständigung der politischen Entscheidungsgewalt gegenüber unmittelbarer gesellschaftlicher Okkupation, sondern

heit und die darin implizierte verfahrensmäßige Ausformung der staatlichen Entscheidungsgewalt, die besondere Regelungen des Zugangs zu den staatlichen Entscheidungspositionen, der Legitimationsnotwendigkeiten und Kontrollmöglichkeiten möglich und auch notwendig macht. Der Staat erscheint so als ein relativ eigenständiges *Gegenüber* zu den freigesetzten Individuen und deren organisierten gesellschaftlichen Wirkeinheiten [68].

(3) Zugleich und vor allem ergibt sich aus der Konzentrierung der politischen Entscheidungsgewalt beim Staat eine effektuierbare Möglichkeit der Reduktion des Staates auf spezifische Entscheidungsfunktionen. Weil die politischen Herrschaftsbefugnisse an einer Stelle zusammengefaßt sind und aktualisiert werden, ist es möglich, wenn dort die Entscheidungsbefugnisse begrenzt werden, das auch in dem ganzen Bereich, über den sich die staatliche Herrschaftsorganisation erstreckt, wirksam werden zu lassen [69]. Auf diese Weise läßt es sich effektiv sichern, daß die einzelnen nicht umfassend, sondern nur in bestimmten Bereichen und bestimmter Hinsicht in eine herrschaftlich-politische Verhaltensregulierung und -aktualisierung einbezogen werden. Das Mittel dazu ist die Bindung des staatlichen Handelns an die

unter dem Stichwort Realdemokratisierung eine Rückverlagerung politischer Entscheidungsgewalt in die Gesellschaft hinein, an gesellschaftliche Gebilde von öffentlicher Relevanz, vorgeschlagen wird; s. dazu etwa *H. K. Preuß*, Zum staatsrechtlichen Begriff des Öffentlichen, 1969, §§ 9–13. Hier ist zu fragen, worauf sich die Erwartung gründet, daß die gesellschaftlich Mächtigen dann *weniger* politischen Einfluß und Herrschaftsmacht ausüben. Oder geht es darum, an die Stelle bisheriger nur neue gesellschaftlich Mächtige zu setzen, denen unmittelbare politische Entscheidungsgewalt vindiziert werden soll? Das wäre freilich alles andere als Demokratisierung, sondern bestenfalls Umprivilegierung.

68 Es ist nicht hinreichend, die Unterscheidung von Staat und Gesellschaft nur (noch) als „dialektische Zuordnung von zwei Modi mitmenschlichen Seins" zu verstehen *(Forsthoff*, Der Staat der Industriegesellschaft, 1971, S. 21) oder Staat und Gesellschaft lediglich als „zwei Bereiche des öffentlichen Lebens mit unterschiedlicher, aber vollkommen aufeinander bezogener Struktur" (*Henke*, a.a.O. [N. 4], S. 3) bzw. zwei „Aggregatzustände des Volkes" (*Herzog*, a.a.O. [N. 62], S. 141) anzusehen. Hinzu kommen muß, damit sie praktische und politische Wirksamkeit erlangt, die organisatorische Verfestigung dieser Unterscheidung, d. h. die Verdichtung zu einer *organisatorisch-institutionellen* Sonderung mit verfahrensmäßig geregelten Einflußnahmen und wechselseitigen Einwirkungsmöglichkeiten. Richtiger daher *Herzog*, R. c., wenn er modernen Staat und moderne Gesellschaft „als das Volk in jeweils verschiedener Organisation und Verfahrensweise" definiert. Siehe auch *Isensee*, a.a.O. (N. 4), S. 148 ff., insbes. S. 152 f.

69 Insofern setzt der Rechtsstaat als ein System der Freiheitsgewährleistung und Begrenzung staatlicher Regulierungsmacht das Vorhandensein des Staates als politischer Entscheidungseinheit voraus. Dieses – dialektische – Verhältnis wird übersehen, wenn der Staat erst aus der Befolgung der Rechtsnormen, insbesondere der Grundrechte, sich konstituieren soll. Das führt zum sog. introvertierten Rechtsstaat; vgl. dazu *Forsthoff*, Rechtsstaat im Wandel, 1964, S. 213 ff.; *A. Podlech*, a.a.O. (N. 66), S. 353, und *E.-W. Böckenförde*, Entstehung und Wandel des Rechtsstaatsbegriffs, a.a.O. (N. 38), S. 75 f.

grundlegenden Staatszwecke, an die Grundrechte als Verteilungsnormen zwischen der herrschaftlich-politischen Verhaltens- und Leistungsorganisation und individuell-gesellschaftlicher, auf spontanen Antrieben beruhender [70]. Das Individuum wird so nicht total, sondern nur partiell in die herrschaftlich-politische Organisationsmacht einbezogen, bleibt an sich dem Staat vorausliegend.

(4) Der Staat ist freilich auch bei dieser Begrenzung seiner Reichweite von den anderen organisatorischen Einheiten, die neben ihm bestehen, qualitativ unterschieden. Dies vor allem deswegen, weil ihm spezifische Funktionen zukommen: Er ist *politische* Entscheidungseinheit, er beansprucht und besitzt das Monopol der legitimen physischen Gewaltanwendung und verfügt letztentscheidend über die Rechtsgewalt, d. h. die Befugnis, Rechtsnormen, die allgemein verbindlich sind, zu setzen, zu ändern und durchzusetzen. Dadurch ist es der Staat, der die Wirkbereiche und -möglichkeiten anderer Organisationen verbindlich festlegt, der auch den Rahmen der unregulierten bzw. nach spontanen individuellen und gesellschaftlichen Initiativen zu regulierenden und organisierenden Verhaltensweisen festlegt. Er steht deshalb mit anderen organisierten Wirkeinheiten nicht auf einer Ebene, sondern steht ihnen insgesamt gegenüber [71]. Er ist es, der den Freiheitsraum für die nicht herrschaftlich-politisch organisierten und aktualisierten menschlichen Verhaltens- und Wirkbereiche festlegt und gewährleistet; indem er die allgemeine, für die und in der Gesellschaft geltende Rechtsordnung gestaltet und erhält, bestimmt er die Verfassung der Gesellschaft. Eben wegen dieser weit-

[70] Zum Charakter der Grundrechte als „Verteilungsnormen" in diesem Sinn siehe *D. Conrad*, Freiheitsrechte und Arbeitsverfassung, 1965; *Luhmann*, a.a.O., (N. 1), S. 23 f.; *Hans H. Klein*, Grundrechte im demokratischen Staat, 1972, S. 47 ff., 69 ff.
Den Kern der Sache trifft die Formulierung O. *v. Gierkes*, Labands Staatsrecht und die deutsche Rechtswissenschaft, zuerst 1883, Neudruck 1961, S. 37: „Der einzelne Staatsbürger empfängt in den Grundrechten einen verfassungsmäßigen Anspruch darauf, daß ihn sein Staat in bestimmten Beziehungen als freies Individuum und nicht als Glied behandle. Die Grundrechte enthalten eine konkrete und positivrechtliche Ausgestaltung des großen Gedankens, daß der Staatsverband nur einen Teil der Persönlichkeit absorbiert, daß es ein auch für die höchste Allgemeinheit unantastbares Reich der Individualfreiheit gibt."

[71] Diese Gegebenheit ist nicht mitreflektiert, wenn in der modernen Soziologie der Staat als politisches „Untersystem" der Gesellschaft qualifiziert und in eine Reihe mit vielen anderen Untersystemen wie Wirtschaft, Religion, Wissenschaft, gestellt wird (vgl. *Luhmann*, a.a.O. [N. 1], S. 15 ff.). Um in der soziologischen Begriffssprache zu bleiben, hat das politische Untersystem die Eigenart, daß es über eine allein ihm zukommende verbindliche Regulierungsmacht, Entscheidungs- und Zwangsfunktion verfügt, die potentiell auf alle anderen Handlungssysteme (Wirtschaft, Kultur, Religion etc.) zugleich bezogen ist und sie zu steuern vermag, also das übergreifende und umfassende Untersystem darstellt, womit sein Charakter als *Unter*system allerdings fragwürdig wird.

reichenden (von möglichem Mißbrauch nicht ausgenommenen) Verfügungsmacht ist es notwendig, daß die Organisation Staat stark in sich differenziert wird, daß Verfahrensregeln festgelegt werden, die die Ausübung dieser Regulierungs- und Entscheidungsgewalt vor Mißbrauch sichern, daß die Reichweite der staatlichen Regulierungs- und Wirkungsmacht einer prinzipiellen Begrenzung unterworfen wird [72]. Eben dies wird in der Unterscheidung und Gegenüberstellung von Staat und Gesellschaft zum Ausdruck gebracht und zu sichern gesucht.

4. In dem hier aufgewiesenen Realitätsgehalt erscheint die Unterscheidung von Staat und Gesellschaft als die angemessene rechtliche Form zur Erhaltung und Sicherung der die moderne Welt konstituierenden „Entzweiung". Darin liegt vielleicht ihre bedeutendste Freiheitsfunktion. Entzweiung wird hier im Sinne Joachim Ritters verstanden, als die Möglichkeit des Individuums, gegenüber der Einbindung in die es umgebenden religiösen, politischen und sozialen Zusammenhänge seine Subjektivität geltend zu machen, diese Bindungen geistig-existentiell zu überschreiten, ohne sie indes einfach zu verlieren [73]. Dies ist vermittelt durch seine Anerkennung als Person, als seinen Lebenssinn in sich selbst tragendes Subjekt, das vor aller Einbindung in sich selbst steht und sie dadurch transzendiert. Darin liegt, sehe ich recht, der Kern und der Anfang der neuzeitlichen Welt und der modernen Freiheitsidee. Durch die Unterscheidung von Staat und Gesellschaft wird es auch praktisch und rechtlich möglich, daß der einzelne von der politischen Einheit, in der er lebt, nicht ganz und voll umgriffen wird, sondern nur bereichsweise, und im übrigen frei ist. Die politische Einheit, der Staat, umfaßt hier nicht schon das soziale Ganze, und der einzelne liegt ihr existentiell voraus.

Hiergegen kann nicht eingewandt werden, daß es sich bei solcher Vorstellung doch letztlich um eine Abstraktion oder gar Fiktion handele, da auch das freie Individuum in die Gesellschaft und das politische Gemeinwesen einbezogen bleibe, ihnen nicht realiter vorausliegen könne. Das ist sicher

[72] Die Gewährleistung individueller und gesellschaftlicher Freiheit ist wesentlich eine Sache der Entwicklung geeigneter Formen und Verfahren für die Ausübung der einheitlichen und souveränen staatlichen Entscheidungsgewalt, d. h. einer entsprechenden Verfassungsorganisation, nicht dagegen eine Frage des Abbaus oder der Auflösung dieser Entscheidungsgewalt als solcher. Die dadurch erreichbare Sicherung ist zwar keine absolute, sondern nur eine relative, aber relativ die verläßlichste; eine absolute Sicherung gegenüber den Fährnissen des Zusammenlebens der Menschen zu erreichen, ist nicht möglich. Keine noch so entwickelte Staatstheorie und Staatsorganisationslehre kann sich der von *Th. Hobbes* formulierten Einsicht verschließen: qui satis habet virium ad omnes protegendos, satis quoque habet ad omnes opprimendos (De cive, c. 6, 13 Annotiatio).

[73] Vgl. jetzt *J. Ritter*, Entzweiung, entzweien, in: Historisches Wörterbuch der Philosophie, Bd. 2, 1972, Sp. 566–571.

richtig, aber es bedeutet keinen Einwand. Denn der Sinn der Unterscheidung und relativen Trennung von Staat und Gesellschaft ist es gerade, eine Organisationsform der politisch-sozialen Wirklichkeit und des in ihr vorhandenen Machtpotentials zu finden, die es ungeachtet der bestehenden generellen gesellschaftlichen Eingebundenheit rechtlich und praktisch ermöglicht, je konkrete Bindungen zu begrenzen, sich aus ihnen bereichsweise zu distanzieren oder gar ganz zu entziehen und auch gegenüber organisierter Betätigung aus der Gesellschaft heraus und von seiten der staatlichen Entscheidungsgewalt wirksam Freiheit geltend zu machen. Hierin liegt der eminente freiheitsverbürgende Sinn der Unterscheidung von Staat und Gesellschaft und des sogenannten rechtsstaatlichen Verteilungsprinzips. Nicht das Gemeinwesen als ganzes, nicht die Lebensordnung oder gar die Wertordnung der Gemeinschaft ist es, die im Staat organisiert wird und ist, sondern es sind bestimmte Funktionen, die im Staat organisiert werden und auf Grund der der Staat das Verhalten der einzelnen reguliert und aktualisiert; das soziale Ganze und das Individuum als solches bleiben vorausliegend [74]. Eben das bewirkt, in die Praxis des Handelns übersetzt, effektive Freiheit. So gesehen ist die Herausbildung der Unterscheidung von Staat und Gesellschaft eine typische Leistung des okzidentalen Rationalismus; sie hat eine systematische Organisation der individuellen Freiheit zum Gegenstand, nicht eine solche, die aus zufälligen Konstellationen und Machtgrenzen entstanden ist.

Dieser Zusammenhang findet seine Bestätigung in der steten Absicht totalitärer Regime, gerade diese Organisationsform der politisch-sozialen Wirklichkeit aufzuheben, um über den Staat den Zugriff auf das soziale Ganze zu erlangen und das Individuum als solches total in die staatliche Organisationsmacht einzubeziehen [75]. Es gehört zu den Prämissen kommunistischer Staatsideologie und Staatspraxis, daß mit der Aufrichtung der Diktatur des Proletariats die bürgerliche Trennung von Staat und Gesellschaft, ein Ausdruck des Antagonismus der bürgerlichen Gesellschaft, ihren Sinn verloren habe; an ihre Stelle trete eine Verbindung und interessenmäßige Einheit von beiden [76]. Und ebenso wurde, aus entgegengesetzter

[74] Siehe dazu *Forsthoff*, Zur heutigen Situation einer Verfassungslehre, a.a.O. (N. 38), S. 186 ff., insbes. 195 f.; *Luhmann*, a.a.O. (N. 1), S. 19–22, 71 ff.

[75] Von *Ehmke*, a.a.O. (N. 1), S. 25, wird dieser Zusammenhang nicht übersehen; gleichwohl verbleibt er dann bei einem eigenartigen „Zwar – aber" gegenüber der Unterscheidung Staat – Gesellschaft. Vgl. demgegenüber *Herzog*, a.a.O. (N. 62), S. 119 ff.

[76] Statt anderer *Lenin*, Staat und Revolution, Ausg. Berlin-Ost 1959, Kap. 5, 2 und 3, S. 90 ff. Die konkrete Auswirkung zeigt sich in der kommunistischen Grundrechtstheorie, die diese zu Mitwirkungsbefugnissen und -pflichten umdeutet, siehe *H. Klenner*, Studien über Grundrechte, Berlin-Ost 1964, insbes. S. 52 f., und *E.-W. Böckenförde*, Die Rechtsauffassung im kommunistischen Staat, 1967, S. 43 ff.

Richtung, nicht von ungefähr gerade im Jahre 1933 die Überwindung der Unterscheidung und Trennung von Staat und Gesellschaft proklamiert. In einer Schrift aus diesem Jahr – das Beispiel stehe für viele – heißt es: „Er (sc. der Staat der totalen Verantwortung) stellt die totale Inpflichtnahme jedes einzelnen für den Staat dar. Diese Inpflichtnahme hebt den privaten Charakter der Einzelexistenz auf. In allem und jedem, in seinem öffentlichen Handeln und Auftreten ebenso wie innerhalb der Familie und häuslichen Gemeinschaft verantwortet jeder das Schicksal der Nation.“ [77]

Der hier aufgewiesenen Gefahr, die aus einem Aufgeben der Unterscheidung von Staat und Gesellschaft resultiert, wird nicht schon dadurch hinreichend vorgebeugt, daß man an die Stelle der – angeblich überholten – Unterscheidung von Staat und Gesellschaft diejenige von *political society* und *government* setzt. Denn dieses Denkmodell versteht eben die political society als *das* Gemeinwesen, d. h. als das soziale Ganze, das zur Wirk- und Ordnungseinheit organisiert wird und im government seine Leitungsfunktionen hat. Damit wird aber die Entzweiungsstruktur, die eine Grundlage der modernen Freiheitsidee ist, wenn nicht aufgegeben so doch vernachlässigt. Das soziale Ganze und die Individuen sind zunächst als solche in die Organisationsmacht des Gemeinwesens einbezogen [78]. Die Verfassung wird folgerichtig Verfassung des Gemeinwesens, Wertgrundlage des sozialen Ganzen, nicht nur die Organisation und Abgrenzung der politischen Entscheidungsfunktionen [79].

Das ist im Kern der Ausgriff in eine neue Totalität, auch dann, wenn diese – was bei den Vertretern dieser Denkform fraglos ist – freiheitlich verstanden wird und organisiert werden soll [80]. Denn die Einbeziehung aller geistigen und wertmäßigen Fluktuationen in den rechtlichen Organisations-

[77] *E. Forsthoff*, Der totale Staat, 1933, S. 42.

[78] Einige praktische Konsequenzen dieser im Gemeinwesen-government-Modell angelegten Vorstellung zeigt am Beispiel der Planungstheorie *K. Lompes* (s. *ders.*, Gesellschaftspolitik und Planung, 1971), *Rainer Wahl*, Notwendigkeit und Grenzen langfristiger Aufgabenplanung: Der Staat 11 (1972), S. 470 ff.

[79] Siehe *Ehmke*, a.a.O. (N. 1), S. 45, und *Hesse*, a.a.O. (N. 1), S. 11; grundlegend in dieser Richtung die Verfassungstheorie *Rudolf Smends*, vgl. Das Recht der freien Meinungsäußerung, VVDStRL Heft 4 (1928), S. 46 ff. (= *ders.*, Staatsrechtliche Abhandlungen, 1955, S. 91 ff.) und: Verfassung und Verfassungsrecht, 1928, ebd. S. 160 ff., 187 ff. Ferner *H. Krüger*, Staatslehre, 1964, S. 697 ff., insbes. 703; *Dürig* in Maunz–Dürig–Herzog, Grundgesetz, Rdn. 1–19, 46 ff. zu Art. 1 I. Das BVerfG geht seit den Entscheidungen BVerfGE 2,12; 7,198 in kontinuierlicher Rechtsprechung davon aus, daß die Verfassung ein „objektives Wertsystem“ bzw. eine „Wertordnung“ als Grundlage der gesamten Rechtsordnung beinhaltet.

[80] Dies tritt in den Formulierungen *Smends*, Verfassung und Verfassungsrecht, a.a.O. (N. 79), S. 187 ff., deutlich hervor; die Verfassung erscheint als die Ordnung zur Hervorbringung der „Lebenstotalität des Staates“; ähnlich *H. Krüger*, a.a.O. (N. 79), S. 703.

zusammenhang ist in diesem Modell ausgesprochen; sie bleiben nicht mehr vorausliegend. Ist die Verfassung Wertgrundlage der Gemeinschaft, so ist es nur folgerichtig, daß auch die geistigen und Wertfluktuationen dieser Gemeinschaft mit in die Verfassung eingehen, den Inhalt der Verfassung maßgeblich bestimmen und sich in der Rechtsprechung eines Verfassungsgerichts zur Geltung bringen[81]. Wie aber soll es dann möglich bleiben, die Inanspruchnahme des Individuums durch bestimmte – und im 20. Jahrhundert oft wechselnde – geistige und Wertfluktuationen auszuschließen, ihm zu garantieren, daß es zumindest in seinem rechtlichen Freiheitsstatus ihnen vorausliegt? Die Warnung, die Ernst Forsthoff gerade gegenüber dieser Entwicklung ausgesprochen hat[82], sollte um so ernster genommen werden als sie durchlebter Erfahrung und Reflexion entspringt.

III.

Auch nach dieser Vergewisserung über Inhalt und Funktion der Unterscheidung von Staat und Gesellschaft steht die Antwort auf die Tragfähigkeit dieser Unterscheidung für die heutige Verfassungswirklichkeit noch aus. Auch wenn in dieser Unterscheidung möglicherweise eine systematische und effektuierbare Organisation der individuellen Freiheit enthalten ist, so ist damit noch nicht bewiesen, daß sie in der gegenwärtigen Verfassungssituation nicht gleichwohl leerlaufend von der Wirklichkeit überholt ist. Drei schon früher erwähnte Probleme, die immer wieder zugleich als Einwände formuliert werden, müssen an dieser Stelle nunmehr erörtert werden: die Veränderungen der Bauform politisch-sozialer Ordnung, die sich aus dem Übergang zur Demokratie, dann aus dem Übergang zum Sozialstaat und schließlich aus der wachsenden Identifikation von Staat und Wirtschaft ergeben.

1. Der Übergang zur Demokratie als Staats- und Regierungsform wäre mit dem Fortbestehen der Unterscheidung und Gegenüberstellung von Staat

[81] So geht *Smend,* Das Recht der freien Meinungsäußerung, a.a.O. (N. 79), im Sinne seines theoretischen Ansatzes ganz folgerichtig davon aus, daß die Grundrechte zu „das öffentliche Leben betreffenden Wertkonstellationsfragen" Stellung nehmen und es Aufgabe der Grundrechtsauslegung sei, „diese Fragen und ihre in den Grundrechten gegebene oder (wie in Art. 118 und 129) durch die Grundrechte dem sittlichen und kulturellen Werturteil der Zeit zugeschobene Beantwortung herauszustellen" (S. 53). Daß hier Freiheit nur mehr *innerhalb,* nicht aber auch gegenüber wechselnden, das öffentliche Leben bestimmenden Wertkonstellationen gesichert werden kann, leuchtet ein. Siehe dazu auch *E.-W. Böckenförde,* Das Grundrecht der Gewissensfreiheit: VVDStRL Heft 28 (1970), S. 58 mit Anm. 78.

[82] Zur heutigen Situation einer Verfassungslehre, a.a.O. (N. 38), S. 209–211.

und Gesellschaft in der Tat dann unvereinbar, wenn es sich bei „Staat" und „Gesellschaft" um zwei selbständige Verbände oder Gemeinwesen handeln würde, deren Trennung Beziehungslosigkeit bedeutet. Dann wäre in der Gegenüberstellung von Staat und Gesellschaft eine Begrenzung oder gar Abwehr der für die Demokratie notwendigen bestimmenden Einflußnahme des Volkes und damit der Gesellschaft auf die staatliche Entscheidungsgewalt impliziert. Die Struktur der Unterscheidung von Staat und Gesellschaft, wie sie hier entwickelt wurde, steht indessen mit dem Übergang zur Demokratie in keinerlei Widerspruch [83]. Demokratische Staatsorganisation und Regierungsform bedeutet in ihrem Zusammenhang die Rückbeziehung der Aktualisierungs- und Lenkungsvorgänge, die von der Organisationseinheit Staat ausgehen, auf den Volkswillen und auf einen demokratischen Prozeß politischer Willensbildung. Es handelt sich um eine mögliche und auch realisierbare bestimmte Art der Ausgestaltung der notwendigen Wechselwirkung und Wechselbeziehung zwischen Staat und Gesellschaft, ohne daß darum deren Unterscheidung und organisatorische Sonderung aufgehoben oder in Frage gestellt werden muß.

Allerdings bedeutet die Beibehaltung der Unterscheidung von Staat und Gesellschaft zugleich eine Begrenzung und Kanalisierung der Demokratie gegenüber möglichen Totalitätsansprüchen. Denn auch die demokratisch organisierte Herrschafts- und Entscheidungsgewalt wird, bei Aufrechterhaltung der Unterscheidung von Staat und Gesellschaft, eingebunden in ein System von Vermittlungen; ein System von Vermittlungen, das die Substanz der freiheitlichen Demokratie ausmacht [84]. Einerseits wird für das Zustandekommen der Entscheidungen des Staates eine demokratische Willensbildung und ein demokratisch strukturierter Entscheidungsprozeß vorgesehen und vorgeschrieben; die demokratische Mitwirkungsfreiheit aller an den allgemeinen Angelegenheiten ist dafür ein konstitutives Prinzip. Andererseits wird die Begrenzung der Zugriffsmöglichkeiten der Staatsgewalt als solcher, die gegenüber der individuellen und gesellschaftlichen Freiheit bestehen, festgehalten. Die Freiheit des einzelnen wird, genau besehen, doppelt genäht: Alle Entscheidungen, die der Staat trifft und treffen darf, müssen sich auf die demokratische Mitwirkungsfreiheit aller Bürger rückführen lassen und daraus legitimieren, zugleich bleiben aber die Begrenzungen, denen die staat-

[83] Siehe auch die Darlegungen bei *Isensee* (N. 4), S. 151–153; *Hans H. Klein*, a.a.O. (N. 70), S. 34 f.

[84] Das Grundgesetz der BRD hat sich explizit für diese freiheitliche, die Unterscheidung von Staat und Gesellschaft voraussetzende und festhaltende Form der Demokratie entschieden, indem es die Demokratie als rechtsstaatliche (Art. 20 II und 28) verfaßt, die Grundrechte als Freiheitsrechte auch für den Gesetzgeber verbindlich macht (Art. 1 III)

liche Entscheidungsgewalt als solche zugunsten der individuellen Freiheit unterliegt, unberührt.

Wird demgegenüber diese Funktionsreduzierung des Staates mit Berufung auf den nunmehr demokratischen Charakter der staatlichen Entscheidungsgewalt aufgegeben, so reduziert sich die Freiheit auf die demokratische Mitwirkungsfreiheit. Denn eine Allzuständigkeit der demokratisch organisierten Staatsgewalt, eben weil sie demokratisch sei, aus den einzelnen selbst hervorgehe und von ihnen getragen werde, bedeutet zugleich, daß die Einbeziehung des einzelnen in diese organisierte Entscheidungsgewalt total wird. Freiheit besteht dann nurmehr als Mitwirkungsfreiheit *im* demokratischen Entscheidungsprozeß, nicht mehr als Freiheit auch *gegenüber* dem demokratischen Entscheidungsprozeß und kollektiver Bestimmungsgewalt. Das Ergebnis ist die totale Demokratie, in der der einzelne voll und ganz Glied des demokratischen Kollektivs ist: Alle können über alle alles beschließen [85]. Hier wird die Problematik deutlich, die darin liegt, wenn der Staat nicht als Organisation „neben", „über" oder „für" die Gesellschaft, sondern einfachhin als *Selbst*organisation *der* Gesellschaft bzw. des Gemeinwesens begriffen wird [86]. Und ebenso zeigt sich an dieser Stelle die Ambivalenz des Begriffes Demokratisierung [87]. Demokratisierung, verstanden als Verbesserung der demokratischen Organisation des staatlichen Entscheidungsprozesses und des Vorgangs der politischen Willensbildung, ist in einem demokratischen Staat eine sinnvolle politische Forderung; ebenso auch, wenn sie sich darauf

und in ihrem Kerngehalt für unantastbar erklärt (Art. 19 II, 79 III). Eine Konkretisierung dieser Entscheidung stellt der Begriff der „freiheitlich-demokratischen Grundordnung" dar, wie ihn das Bundesverfassungsgericht entwickelt hat, vgl. BVerfGE 2,1 (12 f.); 5, 85 (140 f.).

[85] Diese totale Demokratie hat ihren Ansatzpunkt bereits im Contrat social Rousseaus; vgl. die Formel des Gesellschaftsvertrags (Buch 1, cap. 6) und das Schlußkapitel über die „religion civile". Aus der Literatur *J. Talmon,* Der Ursprung der totalitären Demokratie, 1961, S. 34 ff.; *Julien Freund,* Der Grundgedanke der politischen Philosophie von J. J. Rousseau: Der Staat 7 (1968), S. 1 ff.

[86] *Hesse,* a.a.O. (N. 1), S. 8: „Der demokratische Staat der Gegenwart, der kein einheitliches Subjekt der Herrschaft mehr kennt, wird zu einem Stück Selbstorganisation der Industriegesellschaft, deren Konflikte in den Prozeß politischer Einheits- und staatlicher Willensbildung eingehen . . ."

[87] Aus der jüngsten Auseinandersetzung siehe einerseits: für die theoretische Grundlegung *J. Habermas,* Strukturwandel der Öffentlichkeit, 1962, S. 242 ff., für die weitere Ausgestaltung *Nitsch, Gerhard, Offe, Preuß,* Hochschule in der Demokratie, 1965, S. 189 ff.; *Ulrich K. Preuß,* Zum staatsrechtlichen Begriff des Öffentlichen, 1969, S. 166 ff., 184 ff.; *H. v. Hentig,* Die Sache und die Demokratie: Die Neue Sammlung, 9 (1969), S. 101 ff.; andererseits: *W. Hennis,* Demokratisierung. Zur Problematik eines Begriffs, 1970; *H. Maier,* Vom Getto der Emanzipation – Kritik der „demokratischen" Kirche = *ders.,* Kirche und Gesellschaft, 1972, S. 313–319. – Aus der älteren Literatur s. vor allem *Franz Neumann,* Zum Begriff der politischen Freiheit, in: *ders.,* Demokratischer und autoritärer Staat, 1967, S. 100–142, insbes. 130 ff.

bezieht, daß gesellschaftliche Machtkonzentration, die den politischen Entscheidungsprozeß selbst in seinem demokratischen Charakter gefährdet, vom Staat abgebaut und evtl. in staatliche Verantwortung übernommen werden muß. Wird hingegen Demokratisierung verstanden als Unterstellung aller Bereiche gesellschaftlicher Freiheit unter die Bestimmungsgewalt partieller Kollektive, um dadurch die Gesellschaft einerseits vom Staat freizumachen, andererseits in sich zu demokratisieren, so ist sie eine Wegmarke zum Totalitarismus. Sie hebt dann gerade jene Konzentration der politischen Entscheidungs- und Bestimmungsgewalt beim Staat auf, die eine notwendige Voraussetzung für die Gewährleistung individueller Freiheit ist, gerade um sie gegenüber den mannigfachen Gefährdungen dieser Freiheit, die aus der Gesellschaft selbst hervorgehen, nicht zuletzt den Lenkungs- und Vereinheitlichungsansprüchen partieller Kollektive, zu sichern [88].

2. Auch der Übergang zum Sozialstaat bewirkt nicht eine notwendige Aufhebung oder ein Leerlaufen der Unterscheidung von Staat und Gesellschaft, wenn nicht diese Unterscheidung als eine strikte beziehungslose Trennung mißverstanden wird. Vielmehr entsteht das Problem des sozial intervenierenden und soziale Leistungen vorhaltenden Staates gerade aus der Unterscheidung von Staat und Gesellschaft: Es ist ihr nicht gegenläufig, sondern sachlich und systematisch zugeordnet [89]. Das bedarf der näheren Erklärung.

Die vom Staat unterschiedene und durch die staatlich gewährleistete allgemeine Rechtsordnung zu ihrer Selbstentfaltung freigesetzte Gesellschaft hat ihre Grundverfassung in den Prinzipien der Rechtsgleichheit, der bürgerlichen Freiheit, insbesondere der Erwerbsfreiheit und der Garantie des erworbenen Eigentums. Diese Prinzipien enthalten in sich die Freisetzung der natürlichen und der besitzbestimmten Ungleichheit der Menschen zu ihrer vollen Entfaltung. Wird die Erwerbsfreiheit auf der Grundlage der Rechtsgleichheit und abgestützt durch die Garantie des erworbenen Eigentums betätigt, so führt das infolge der natürlichen und besitzbestimmten Ungleich-

[88] Gegenüber der fraglos gegebenen Möglichkeit, daß Bedrohungen individueller und gesellschaftlicher Freiheit vom Staat ausgehen, wird in der heutigen Diskussion häufig übersehen, daß solche Bedrohungen ebenso aus der Gesellschaft selbst, sei es von Individuen im Verhältnis zueinander, sei es von gesellschaftlichen Gruppen bzw. Kollektiven ausgehen. Gegen diese Freiheitsbedrohungen gibt es keinen anderen Schutz als den durch den die politische Entscheidungs- und Zwangsgewalt behauptenden Staat. Siehe auch die oben N. 66 angeführte Literatur.

[89] Grundlegend dazu *L. v. Stein,* a.a.O. (N. 34), Bd. 1, S. 123 f., 131 ff. Siehe auch *Habermas,* Strukturwandel der Öffentlichkeit (N. 87), S. 244 f. H. Weist mit Recht darauf hin, daß die sozialstaatliche Transformation des liberalen Rechtsstaates durch Kontinuität, nicht durch Bruch mit den liberalen Traditionen charakterisiert ist.

heit der Menschen notwendigerweise zu unterschiedlichen Ergebnissen und „Erträgen". Diese Ergebnisse und Erträge werden vermöge der Garantie des erworbenen Eigentums denjenigen, die sie in Betätigung ihrer Freiheit erlangt haben, rechtlich zugeordnet. Aus den Prinzipien der (bürgerlichen) Gesellschaft selbst, ihrer Freiheitsorientierung, ergibt sich somit als Folge die Stabilisierung sozialer Ungleichheit [90]. Die „Dialektik von Freiheit und Gleichheit", oft lediglich als Schlagwort politischer Rhetorik gebraucht, findet hier eine konkrete Bestätigung. Diese soziale Ungleichheit erhält, wenn sie sich über die Generationen hin vermittels der Garantie von Eigentum und Erbrecht verfestigt, eine Verschärfung in der Weise, daß sie in soziale *Unfreiheit* umschlägt und in ein zunehmendes Leerlaufen auch der rechtlichen Freiheit. Dies deswegen, weil rechtliche Freiheit nicht effektuiert werden kann ohne ein Mindestmaß sozialer Voraussetzungen, die es erst ermöglichen, von der rechtlichen Freiheit realen Gebrauch zu machen. „Die Freiheit ist eine wirkliche erst in dem, der die Bedingung derselben, den Besitz der materiellen und geistigen Güter, als die Voraussetzung der Selbstbestimmung besitzt." [91]

Der Staat ist demgemäß in seiner Erhaltungsfunktion für die Gesellschaft, als Garant der *freien* Gesellschaft und der Freiheit der einzelnen, zur Intervention in die „freien" gesellschaftlichen Abläufe gehalten. Es entspricht den grundlegenden Staatszwecken und der ursprünglichen Verteilung der Zuständigkeiten zwischen Staat und Gesellschaft, daß der Staat nicht untätig zusieht, wie die von ihm gewährleistete rechtliche Freiheit und Gleichheit für eine wachsende Zahl seiner Bürger zur leeren Form wird, sondern der gesellschaftlichen Ungleichheit entgegenwirkt, sie durch sozialen Ausgleich und soziale Leistungen relativiert, um dadurch individuelle Freiheit und rechtliche Gleichheit für alle real zu erhalten [92]. Darin liegt nicht eine Aufhebung, sondern eine Bestätigung der Unterscheidung und des Gegenüber von Staat und Gesellschaft.

Das gleiche gilt im Hinblick auf den Verlust des beherrschten Lebensraums, der Autarkie der Individuen oder Familien, der durch die industriell-technische und soziale Entwicklung des 19. und des 20. Jahrhunderts in immer größerem Umfang eingetreten ist [93]. Dieser beherrschte Lebensraum

[90] Siehe *L. v. Stein,* a.a.O. (N. 34), Bd. 2, S. 72 ff.

[91] *L. v. Stein,* a.a.O. (N. 34), Bd. 3, S. 104.

[92] Hierin liegt das dialektische Verhältnis von Gesellschaft und Staat begründet; siehe dazu *E. R. Huber,* Rechtsstaat und Sozialstaat in der modernen Industriegesellschaft = Forsthoff (Hrsg.), Rechtsstaatlichkeit und Sozialstaatlichkeit, 1968, S. 589–618 (596 ff.).

[93] *Forsthoff,* Verfassungsprobleme des Sozialstaats, 2. Aufl. 1961 = Forsthoff (Hrsg.), Rechtsstaatlichkeit und Sozialstaatlichkeit, 1968, S. 145–165 (146 ff.).

ist ersetzt worden durch den *sozialen* Lebensraum [94]; in ihm verwirklicht sich Freiheit nicht mehr *vor* und außerhalb von rechtlichen Regelungen und Sozialbezügen, sondern *in* ihnen, z. B. durch soziales Mietrecht, gesicherte Altersrente u. a. m. Dieser soziale Lebensraum bedarf naturgemäß vermehrter rechtlicher Regelung, eben um die Freiheit des einzelnen *in* den mannigfachen und intensiver werdenden sozialen Bezügen und sozialen Leistungen zu erhalten. Darin liegt keine Aufhebung individueller und gesellschaftlicher Freiheit durch den Staat, sondern ein neuer Weg, um sie angesichts veränderter gesellschaftlicher Bedingungen wirksam zu erhalten.

Entscheidend im Sinne der Unterscheidung von Staat und Gesellschaft ist in beiden Fällen nicht, daß sozialer Ausgleich und vermehrte Regulierung gesellschaftlicher Abläufe durch den Staat bzw. intensivere rechtliche Regelung individueller und gesellschaftlicher Lebensvorgänge stattfinden, sondern *welchem Prinzip* sie folgen. Geschehen sie im Rahmen der Grundverfassung der Gesellschaft, d. h. finden sie jeweils ihre Rechtfertigung und auch ihre Begrenzung in der Erhaltungs- und Gewährleistungsfunktion des Staates für eine freie Gesellschaft, oder geschehen sie zur Aufhebung dieser Grundverfassung? Wesentlich ist hier, schon Lorenz v. Stein hat darauf hingewiesen [95], die *Maßbestimmung* für die sozialstaatlich orientierte und motivierte Aktivität des Staates. Der Umschlag tritt dann, aber auch erst dann ein, wenn über die dem Staat seit je obliegende Setzung der Rahmenbedingungen hinaus in den wirtschaftlich-sozialen Prozeß nicht mehr nur punktuell eingegriffen wird, um Mißstände zu regulieren, sozialer Unfreiheit oder rechtlicher Ungleichheit entgegenzuwirken, die allgemeine gesellschaftliche Entwicklung zu fördern, sondern wenn der wirtschaftlich-soziale Prozeß von vornherein und als ganzer dem staatlichen Lenkungs- und Regulierungsanspruch unterstellt wird. In diesem Fall verliert die Gesellschaft gegenüber dem Staat den Charakter des an sich Vorausliegenden, das seinem Zugriff nur begrenzt und im Hinblick auf bestimmte Zwecke, die sich aus der Erhaltungsfunktion des Staates für die Gesellschaft ergeben, unterliegt [96].

[94] *Dieter Suhr,* Rechtsstaatlichkeit und Sozialstaatlichkeit: Der Staat 9 (1970), S. 67 ff. (83–87).

[95] *L. v. Stein,* Handbuch der Verwaltungslehre, 3. Aufl., Bd. 3, S. 34 ff.

[96] Die nähere Festlegung der Grenze, bei deren Überschreitung der Umschlag stattfindet, ist nicht möglich ohne eine an den verbindlichen Staatszielbestimmungen orientierte Lehre von den (notwendigen, möglichen und unzulässigen) Staatsaufgaben. Diese ist nach wie vor ein Desiderat der gegenwärtigen Staatsrechtslehre. Ansätze dazu bei *Hans J. Wolff,* Verwaltungsrecht I, 8. Aufl. 1971, § 11, S. 53 ff.

3. Die wachsende Identifikation von Staat und Wirtschaft ist zu unterscheiden von der eben dargestellten Entwicklung des Verhältnisses von Staat und Gesellschaft im Zeichen des Sozialstaates. Sie ist durch die sozialstaatlichen Aktivitäten des Staates nicht notwendig gegeben, sondern läuft neben ihnen her. An dieser Stelle zeigt sich die stärkste Bedrohung, ja, eine partielle Aufhebung der Unterscheidung von Staat und Gesellschaft.

a) Das Sachproblem ist folgendes. Die Wirtschaft ist je länger je mehr nicht mehr ein grundsätzlich staatsfreier Bereich, der vom Staat mit Abgaben zur Finanzierung der staatlichen Aufgaben belegt wird und seiner Aufsicht im Hinblick auf die Belange der öffentlichen Sicherheit und Ordnung unterliegt. Vielmehr wird heute der wirtschaftlich-soziale Prozeß als solcher in zunehmendem Maße vom Staat reguliert und gesteuert. Die Notwendigkeit dieser Regulierung und Steuerung ergibt sich aus den neuen sozialstaatlichen Staatsaufgaben. Wenn soziale Sicherheit nicht nur in dem Maß, das die Voraussetzung für die Realisierung rechtlicher Freiheit ist, sondern darüber hinaus, wenn wachsender Wohlstand, wenn gesellschaftlicher Fortschritt Aufgaben sind, deren Erfüllung vom Staat fraglos erwartet wird [97], dann bedingt die Erfüllung der staatlichen Aufgaben eine Wachstumswirtschaft, stete wirtschaftliche Expansion, ein kontinuierlich steigendes Sozialprodukt. Der Staat ist so von seinen Zielsetzungen und den Erwartungen her, die an ihn herangetragen werden, an der Wirtschaft in hohem Maße interessiert und mit ihr identifiziert. Er muß eine Erhaltungsfunktion für den wirtschaftlichen Prozeß und Progreß übernehmen [98].

b) Die Wahrnehmung dieser Erhaltungsfunktion ist in einer marktwirtschaftlichen Ordnung daran gebunden, daß der Staat zum Mittel der indirekten Steuerung greift. Zur marktwirtschaftlichen Ordnung gehört die grundsätzliche Entschließungsfreiheit der Wirtschaftssubjekte über Investitionen, Lohn-/Preisbildung und Konsum. Der Staat kann diese Entscheidungen nicht durch Gebot und Verbot vorschreiben oder festlegen, er muß sich vielmehr indirekter Lenkungsmittel bedienen, d. h. das wirtschaftliche Geschehen, das grundsätzlich rechtlich autonom gestellt ist, durch motivations-

[97] *Hans Peter Ipsen*, Diskussionsbeitrag in VVDStRL, Heft 24 (1966), S. 220, spricht von einem „Verfassungsauftrag zur Wachstumsvorsorge“, *Herzog*, a.a.O. (N. 62), S. 117, davon, daß die dem Staat obliegende Wachstumsvorsorge „fast naturnotwendig zur allgemeinen Fortschrittsvorsorge“ werde; das Feld, das sich damit eröffnet, ist freilich grenzenlos. Bereits die Präambel zur Weimarer Verfassung proklamierte den Staat als Träger des gesellschaftlichen Fortschritts.

[98] Dazu jetzt *Scheuner*, Wirtschaftslenkung im Verfassungsrecht des modernen Staates, in: *ders.* (Hrsg.), Die staatliche Einwirkung auf die Wirtschaft, 1972, S. 18–21.

wirksame Datensetzung marktstrategisch überdeterminieren [99]. Formell entschließen sich alle frei, aber ihre Entschließung wird durch staatliche Anreize oder Belastungen (Investitionsabschreibungen, Sparprämien, Konjunkturzuschlag u. a. m.) so gelenkt, daß der gewünschte Erfolg nach Möglichkeit herauskommt [100].

Auf diese Weise wird der Wirtschaftsablauf als ganzer zu regulieren gesucht. Was die Formen und Mittel angeht, so müssen sie in Anpassung an die Selbststeuerungsmittel des industriell-wirtschaftlichen Prozesses gewählt werden. Der Staat nimmt, vermöge seiner Angewiesenheit auf den wirtschaftlichen Progreß, seine Regulierungsfunktion nicht mehr als „höherer Dritter" wahr, sondern in einer Komplementärfunktion für den industriell-wirtschaftlichen Prozeß [101], der selbst Subjektstellung erhält. Der Staat muß die Ausfallbürgschaften für das kontinuierliche Funktionieren dieses Prozesses leisten.

Der industriell-wirtschaftliche Prozeß seinerseits stellt sich dar als ein rational gesteuerter Handlungs- und Funktionszusammenhang, der aus wenigen zweckrationalen Prämissen nach Art eines sekundären Systems (Freyer) entworfen ist. Diese Prämissen sind etwa Gewinnerzielung, rationell-maschinelle Fertigung, ein Höchstmaß an Produktivität, Ausschaltung systemfremder Störungsfaktoren. Der solcherart gesteuerte Handlungs- und Funktionszusammenhang wird als solcher Subjekt und greift in einen immer umfassenderen Planungszusammenhang aus, der sich zunehmend auf weitere Bereiche erstreckt [102]. Störungsfaktoren aus noch nicht einbezogenem Verhalten gilt es in immer höherem Maße auszuschalten. Dieser ausgreifende Planungszusammenhang ist nicht mehr partiell aussetzbar, etwa um der indi-

[99] Vgl. *Hans Joachim Arndt,* „Staat" und „Wirtschaft": Studium generale 21 (1968), S. 712–733) (714–723); *Friauf* und *Wagner,* Staat und Wirtschaft, VVDStRL, Heft 27 (1968), S. 1 ff., 47 ff.; *Stern,* Grundfragen der globalen Wirtschaftssteuerung 1969, S. 6 ff.

[100] Wegen ihres indirekten, strategisch-manipulativen Charakters entziehen sich diese Maßnahmen nahezu ganz der rechtsstaatlichen Formtypik und Kontrolle; sie sind daher auch geeignet, an sich bestehenden Grundrechtsschutz zu unterlaufen. Eine Ausnahme besteht für Steuerregelungen, die den einzelnen unmittelbar treffen. Sie sind jedoch kraft des bislang noch unangefochtenen Prinzips, daß die Auferlegung von Steuern mit Ausnahme des Falles der (gezielten) Erdrosselungssteuer keine Enteignung darstellt, vom rechtsstaatlichen Gewährleistungssystem ebenfalls weithin freigestellt. Vgl. *Forsthoff,* Begriff und Wesen des sozialen Rechtsstaats = *ders.,* Rechtsstaat im Wandel, 1964, S. 52/53; BVerfGE 14, 221 (241); 18, 119 (128 f.); 27, 111 (131); 29, 327 (335); aber auch neuestens *Papier,* Die Beeinträchtigung der Eigentums- und Berufsfreiheit durch Steuern vom Einkommen und Vermögen: Der Staat 11 (1972), S. 483–514.

[101] *Forsthoff,* Zur heutigen Situation einer Verfassungslehre, a.a.O. (N. 38), S. 174 f.; *ders.,* Der Staat der Industriegesellschaft, 1971, S. 43 ff.

[102] Siehe dazu die – an Verhältnissen in den Vereinigten Staaten orientierten – Analysen von *Galbraith,* Die moderne Industriegesellschaft, 1968, S. 67 ff., 332–355. Zum Modell „sekundäres System" *Hans Freyer,* Theorie des gegenwärtigen Zeitalters, 1956, S. 79 ff.

viduellen Freiheit willen. Denn der industriell-wirtschaftliche Prozeß wird mit wachsender Differenzierung auch in wachsendem Maß empfindlicher, und die Kostendimensionen, die aus nicht eingeplantem Verhalten der Zulieferer, Abnehmer etc. hervorgehen, werden immer größer und immer weniger aushaltbar. Das heißt, der industriell-wirtschaftliche Prozeß ist angewiesen auf die relative Verläßlichkeit seiner Planungsdaten [103]. Diese relative Verläßlichkeit der Planungsdaten, deren Grundlagen autonom innerhalb des industriell-wirtschaftlichen Prozesses entwickelt werden, muß der Staat garantieren. Konkret bedeutet das, er hat die Gesamtnachfrage je in Antwort auf den Zyklus der Konjunktur antizyklisch zu regulieren und damit relativ zu stabilisieren. Dem Staat kommt also gegenüber dem industriell-wirtschaftlichen Prozeß eine komplementäre Stabilisierungsfunktion zu. Subjekt ist hierbei der industriell-wirtschaftliche Prozeß selbst, nicht der Staat. Der Staat übernimmt die Gewährleistungsfunktion für dessen aus seinen immanenten Antrieben grenzenlose Selbstentfaltung.

c) Wenn und soweit der Staat sich in dieser Weise mit der Wirtschaft verbindet und, seine Bürger „überdeterminierend", mit ihr identifiziert, ergibt sich daraus ein notwendiges und systematisches Unterlaufen der Grenzlinie von Staat und Gesellschaft, die zugleich eine Grenzlinie zugunsten der individuellen Freiheit ist. Das sei an einigen praktischen Beispielen verdeutlicht.

Erstes Beispiel: Einkommen, Verdienst, Vermögensbildung, soweit sie vom staatlichen Haushalt abhängen [104], werden zunehmend nicht mehr aus ihrer eigenen Sachlogik, sondern aus ihrer Einbeziehung in den sozialwirtschaftlichen Prozeß und einer von daher bestimmten Über-determination bestimmt, d. h. ihrer Funktionsbeziehung zur Regulierung der Gesamtnachfrage (verantwortbare Erhöhung der Kaufkraft, Beispielwirkung für Tarifverhandlungen in der Wirtschaft u. a. m.).

Zweites Beispiel: Private Erwerbstätigkeit schlägt, wenn sie eine bestimmte Größenordnung erreicht, in eine öffentlich-relevante um, die vom Staat zu stützen ist. Ein Unternehmen von einer bestimmten Größenordnung, das in die roten Zahlen kommt, wird zu einem sozialpolitischen Fall (Henschel, Krupp). Der Staat ist aus seiner sozialstaatlichen Zielsetzung und wirtschaftlichen Gewährleistungsfunktion gehalten, hilfestellend einzugreifen, was in der Weise geschieht, daß Verluste und mangelnde Liquidität

[103] *Galbraith,* a.a.O. (N. 102), S. 339 f.

[104] Also für die Beamten sowie die Angestellten des öffentlichen Dienstes, teilweise auch für die Sozialrentner und Kriegshinterbliebenen.

„sozialisiert", d. h. vom Staat übernommen und ausgeglichen werden [105]. Natürlich fordert das die Frage heraus, mit welchem inneren Rechtsgrund dann die Gewinne solcher Unternehmen privatisiert bleiben.

Drittes Beispiel: Die Situation der öffentlichen Investitionen. Öffentliche Investitionen größeren Ausmaßes können beim gegenwärtigen Verhältnis von Staat und Wirtschaft stets nur im Sinne der Komplementärfunktion angebracht werden. Sie sind prinzipiell nachrangig gegenüber privaten, gewinnorientierten Investitionen. Verfügt der industriell-wirtschaftliche Prozeß aus sich selbst über genügend Antriebskräfte, muß der Staat sich mit eigenen Investitionen zurückhalten, um einer Überhitzung der Konjunktur nachfrageregulierend entgegenzuwirken. Nur wenn die Antriebskräfte aus dem wirtschaftlichen Prozeß selbst nicht groß genug sind, einer anregenden Nachfrageausweitung bedürfen, können Investitionen in größerem Umfang an den Markt gebracht werden. Seinerseits hat indessen der Staat keine Möglichkeit, auf die immanenten Antriebstendenzen des industriell-wirtschaftlichen Prozesses selbst verbindlich Einfluß zu nehmen. Die Investitionsentscheidungen der Wirtschaftssubjekte sind für ihn vorgegeben, und ebenso sind die Entscheidungen der Tarifpartner, die bei ihren Tarifabschlüssen eine Vorverfügung über die Verteilung des Sozialprodukts treffen, für ihn vermöge der Tarifautonomie verbindlich vorgegeben [106]. Er ist gehalten, darauf zu re-agieren und als „Erfüllungsgehilfe" die Ausfallbürgschaften für das Funktionieren des industriell-wirtschaftlichen Prozesses zu leisten. Die Frage ist allerdings, wieweit das durchhaltbar ist, wenn dem Staat zugleich,

[105] Die Frage greift noch weiter aus, zieht man die Infrastruktur- und Umweltbeeinträchtigungskosten industriell-wirtschaftlicher Produktion in Betracht. Siehe dazu jetzt den als prinzipielle Kritik des gegenwärtigen Wirtschaftssystems angelegten Sammelband Sozialisierung der Verluste? Die sozialen Kosten des privatwirtschaftlichen Systems. Hrsg. v. *K. W. Kapp* und *F. Vilmar,* 1972.

[106] Das ergibt sich konsequent aus der Zielsetzung und den Mitteln staatlicher Konjunktursteuerung, wie sie etwa ihren Niederschlag im Stabilitätsgesetz v. 8. 6. 1967 (BGBl. I, S. 582), § 1 (Zielsetzung), §§ 3–8, 19–20, 26 (Mittel) gefunden haben in Verbindung mit der im Rahmen einer marktwirtschaftlichen Ordnung gegebenen Entscheidungsfreiheit der Wirtschaftssubjekte über Investitionen, Preisbildung und Konsum und der verfassungsrechtlich abgesicherten Tarifautonomie der Sozialpartner (Art. 9 III GG). Das Stabilitätsgesetz schreibt (§ 1) ausdrücklich vor, daß die staatlichen Lenkungsmaßnahmen „im Rahmen der marktwirtschaftlichen Ordnung" zu erfolgen haben. Die staatliche Einwirkungsmöglichkeit auf Tarifautonomie und Preisgestaltung reicht nicht weiter als bis zur rechtlich unverbindlichen „Konzertierten Aktion" (§ 3 StabG). Deren Wirkungen sind notwendigerweise sehr begrenzt. Vgl. *E. Hoppmann* (Hrsg.), Konzertierte Aktion. Kritische Beiträge zu einem Experiment, 1971, und dazu *Christoph Böckenförde,* Konzertierte Aktion. Zu institutionellen Problemen der Globalsteuerung: Der Staat 11 (1972) S. 367–375.

wie das heute der Fall ist, die Verantwortung für die Leistungen der sogenannten Daseinsvorsorge und den gesellschaftlichen Fortschritt überantwortet wird [107].

d) Die hier aufgewiesene fortschreitende Einbeziehung gesellschaftlicher Bereiche in staatliche Lenkungsstrategien und das sich darin zeigende wachsende Ineinander von Staat und Gesellschaft sind nicht abwehrbar ohne die Bereitschaft, auch die Systemziele zu relativieren. Historisch wie systematisch ist die staatliche Funktions*reduzierung* eine notwendige Bedingung individueller und gesellschaftlicher Freiheit [108]. Wird diese Funktionsreduzierung abgebaut oder aufgegeben, sei es aus einer gegebenen gesellschaftlichen Lage, sei es aus einem gesellschaftlichen Wollen, so muß auch der Bereich individueller und gesellschaftlicher Freiheit abnehmen. Der Staat kann nicht geben ohne vorher zu nehmen [109]. Sind soziale Sicherheit, wirtschaftliches Wachstum, Steigerung des Lebensstandards nicht nur staatlich freigesetzte und ermöglichte, sondern *unmittelbar vom Staat zu gewährleistende* Ziele, dann ist es notwendig und unausweichlich, daß der wirtschaftliche Gesamtprozeß in staatliche Lenkung und Regie übernommen wird. Er scheidet dann aus dem Bereich der vorausliegenden, innerhalb einer Rahmenordnung nur punktuell, im Hinblick auf bestimmte Zwecke zu regulierenden individuellen und gesellschaftlichen Freiheit aus. Und die Frage, welche Art der Steuerung anzuwenden sei, die indirekte, die wir gegenwärtig haben, oder die direkte, die mit normativen Geboten im Hinblick auf Investitionsprioritäten, Preisbildung und Konsumlenkung arbeitet, ist dann nicht mehr eine Frage des Prinzips, sondern der Zweckmäßigkeit [110].

*

Ich komme damit zum Ende meiner Ausführungen und möchte abschließend noch auf einen Einwand eingehen, der sich gegen alle hier vorgetragenen Überlegungen erheben mag. Dieser Einwand läuft darauf hinaus, daß diesen Überlegungen doch letztlich ein autoritärer Grundzug anhafte. Der

[107] Siehe dazu *E.-W. Böckenförde*, a.a.O. (N. 65), S. 29.
[108] Vgl. oben Abschnitt I, 3 S. 000, und Abschnitt II, 4, S. 000.
[109] *Carl Schmitt*, Verfassungsrechtliche Aufsätze, 1958, S. 496 ff., 503 f.
[110] Die das liberale Zeitalter kennzeichnende grundsätzliche Trennung von staatlicher Macht und Wirtschaftsmacht, von *H. Heller*, a.a.O. (N. 8), S. 137 f., bereits 1934 als Übergangszustand diagnostiziert, ist dann an ihr Ende gekommen. Die zahlreichen Folgeprobleme, die sich daraus ergeben, bedürfen gesonderter Erörterung.

Staat werde mit einer gewissen Eigenständigkeit gegenüber der Gesellschaft und damit auch gegenüber dem Volk ausgestattet, er werde mit einem eigenen Auftrag und einer eigenen Legitimation bedacht, ohne daß dabei auf den jeweiligen Willen der Gesellschaft abgestellt werde. Der Staat bleibe, wenn auch begrenzt, doch Herr der Gesellschaft, werde nicht als ihr Diener oder eine Funktion der Gesellschaft verstanden [111]. Eine solche Argumentation wäre in der Sache zutreffend, würde die Thesen des Vortrags nicht verzeichnen. Aber die Frage ist, ob und inwieweit sich daraus ein stichhaltiger Einwand ergibt. Das führt, setzt man am Kernpunkt an, zur Frage nach dem Verhältnis von Autorität und Freiheit, über das Sie mir abschließend noch einige Worte gestatten wollen.

Freiheit, verstanden als Selbstbestimmung des einzelnen, ist als wirkliche, d. h. beständige und sichere Freiheit nur möglich als *rechtlich begrenzte* Freiheit. Volle Freiheit, unbegrenzt, ist die Freiheit des status naturalis; sie bedeutet unbegrenzte Macht des Stärkeren, d. h. freies Walten der naturhaften Kräfte. Erst aus der Begrenzung solcher Ungebundenheit und der Sicherung dieser Begrenzung ergibt sich Freiheit für jeden. Menschliches Zusammenleben in Freiheit ist daher angewiesen auf eine oder mehrere Instanzen, die diese Begrenzung und Regulierung individueller Ungebundenheit vornehmen und ihre Beachtung durchsetzen. Erst und nur dadurch läßt sich individuelle und gesellschaftliche Freiheit gewährleisten. Das Handeln dieser Instanz darf freilich, soll sie ihr Ziel erreichen, nicht nach Belieben erfolgen, sondern muß einem objektiven Auftrag unterstellt sein, dem Auftrag, um mit Kant zu sprechen [112], *die Willkür des einen mit der Willkür des anderen nach dem allgemeinen Gesetz der Freiheit in Übereinstimmung* zu bringen. Daraus ergibt sich einerseits eine Gebundenheit dieser Instanz, andererseits aber auch eine eigenständige Autorität, die sich aus diesem Auftrag legitimiert, und zwar beides letztlich unabhängig von wechselnden Intentionen der je im Staat bestimmenden gesellschaftlichen Kräfte. Insofern besteht in der Tat eine notwendige Bezogenheit von Autorität und Freiheit – Bezogenheit im doppelten Sinn verstanden, als Voraussetzung der Freiheit wie als funktionale Ausrichtung auf die Freiheit. Eine solche Autorität und organisierte Entscheidungszuständigkeit ist, um mit Thomas Hobbes zu sprechen [113], die *minimum condition,* notwendige Bedingung für die Möglichkeit

[111] In diese Richtung zielt die grundsätzliche Kritik von *K. D. Bracher,* a.a.O. (N. 1), S. 22 ff., am Festhalten eines eigenen Staatsdenkens; ähnlich *v. Krockow,* a.a.O. (N. 1), S. 128 f.

[112] *Kant,* Metaphysik der Sitten, T. 1, Einleitung in die Rechtslehre, § B.

[113] *Th. Hobbes,* Elementa philosophica de cive, cap. 6, 13 Annotiatio; Leviathan, Kap. 19 a. E.

und die Wirklichkeit individueller und gesellschaftlicher Freiheit. Sie ist freilich aus sich noch keine *hinreichende* Bedingung für die Möglichkeit und Wirklichkeit dieser Freiheit. Daß aus der notwendigen auch eine hinreichende Bedingung wird, hängt von zusätzlichen Faktoren ab. *Ein* solcher zusätzlicher Faktor ist die richtige Organisation der die individuelle und gesellschaftliche Beliebigkeit regulierenden und die vorgenommene Regulierung rechtlich und machtmäßig sichernden Instanz. Das Festhalten an der Unterscheidung von Staat und Gesellschaft scheint mir ein wichtiges Moment einer solchen Organisation zu sein.

Diskussion

Herr v. Petrikovits: In meiner Jugend hat man einen Begriff, der vielleicht damals schon veraltet war, gebraucht, nämlich den des Staatsvolkes. Darf ich fragen, wodurch sich dieser Begriff des Staatsvolkes von dem unterscheidet, was diejenigen als Gesellschaft bezeichnen, die Staat und Gesellschaft – also nicht in Ihrem Sinn – einander gegenübersetzen? Das heißt: Gibt es überhaupt die Gesellschaft, die man in einem anderen Sinn als das Staatsvolk dem Staat gegenübersetzen könnte?

Herr Böckenförde: Das Verhältnis ist wohl folgendermaßen: Diejenigen Personen, die zum Staat in dem Verhältnis der Zugehörigkeit stehen, das man als Staatsangehörigkeit bezeichnet – und der Inbegriff der Staatsangehörigen bezeichnet rechtlich das Staatsvolk –, sind zugleich die Glieder der Gesellschaft. Das konnte früher vielleicht insofern problematisch sein, als etwa der Monarch, der hohe und sonstige Adel, soweit er eigenberechtigt Herrschaftsbefugnisse innehatte, teilweise auch Beamte und Offiziere als unmittelbar königliche oder landesherrliche Dienstleute, nicht der Gesellschaft zugerechnet wurden, sondern als der spezifische soziologische Unterbau des Staates, der „Staatsstand", galten. Mit dem Übergang zur vollen rechtlichen und politischen Gleichheit aller Staatsbürger ist diese Auffassung, die noch älteren, ständisch geprägten Verhältnissen zugehört, allerdings überholt. Heute bestehen Gesellschaft und Staat als Organisationszusammenhänge in der Tat über den gleichen Menschen. Man kann deshalb nicht Staat und Gesellschaft so auseinanderreißen, als wären es zwei geschiedene Verbände. Beim Staat handelt es sich um eine Organisationseinheit „über den" und „für die" die Gesellschaft bildenden Menschen, die selbst nur bestimmte Verhaltensbereiche der einzelnen ergreift und andere frei läßt, die aber zugleich den Rahmen für die freie individuelle und assoziative Betätigung der Gesellschaftsglieder festlegt und reguliert und von daher den übrigen Organisationen überlegen und von ihnen qualitativ unterschieden ist.

Der Begriff des Staatsvolkes hat auch heute noch seine Bedeutung. Nur ein Beispiel: Jeder Staatsbürger, Staatsangehörige, der das Wahlalter erreicht hat, ist wahlberechtigt und, sofern männlichen Geschlechts, wehrdienstpflichtig. Die Unterworfenheit unter die Rechtsordnung ist freilich nicht auf die Staatsangehörigen begrenzt, weil auch diejenigen, die sich im Gebiet des Staates aufhalten – weil die staatliche Herrschaft eine gebietsbezogene ist –, dieser Rechtsordnung unterworfen sind, ohne darum schon Mitglieder des Staatsvolkes sein oder werden zu müssen. Ich brauche hier nur an die Gastarbeiter zu erinnern.

Herr v. Petrikovits: Ist es denkbar, daß die Gesellschaft, die wir in diesem Falle der Summe der Staatsangehörigen oder dem Staatsvolk gleichsetzen dürfen, überhaupt jemals eine Willenseinheit insofern ist, daß man einen Gegensatz zwischen der Organisation, die der Staat darstellt, und diesem Staatsvolk konstruieren kann? Ist das nicht ein Widersinn? Sind die Willens- und Aktionseinheiten nicht nur jeweils Teile des Staatsvolkes? So daß also die Gegenüberstellung von Staat und Gesellschaft in dieser Formulierung überhaupt schon widersinnig ist?

Herr Böckenförde: Die Gesellschaft als Einheit ist sicher ein Inbegriff einer Vielheit organisatorischer Beziehungen und individueller Verhaltensweisen, die einen sozialen Zusammenhang bilden; sie ist als solche keine Willenseinheit. Sie wird zur Einheit verbunden und als solche zusammengehalten nicht zuletzt durch die staatliche Herrschaftsmacht und Entscheidungsgewalt, die die umfassende, übergreifende und dadurch auch abgrenzende Organisationsmacht darstellt. Die Gesellschaft als Inbegriff von vielen möglichen Organisationsbildungen, von individuellen und gruppenmäßigen Handlungen und Verhaltensbereichen ist also abgegrenzt und abgrenzbar von der staatlichen Organisation, den Entscheidungsprozessen in dieser Organisation und der Entscheidungsdurchsetzung durch deren Organe bzw. Amtswalter. Das bedeutet indessen nicht beziehungslose Trennung.

Vielleicht läßt sich das Problem erläutern am Beispiel der Interessenverbände und der politischen Parteien. Die Interessenverbände gehören in den Bereich der Gesellschaft; sie können sich in einer freien Gesellschaft auf Grund der Vereinigungsfreiheit bilden. Sie können versuchen, auf den politischen Entscheidungsprozeß Einfluß zu nehmen; aber sie haben keine unmittelbare politische Entscheidungsbefugnis. Sie bedienen sich deshalb der indirekten Mittel, und es ist ein Problem staatlicher Organisation, zu gewährleisten, daß sie nicht doch die Entscheidungsbefugnis praktisch in die Hand bekommen.

Die politischen Parteien sind demgegenüber so etwas wie „Transmissionsriemen" im Verhältnis der Gesellschaft zum Staat. Sie haben ihre Grundlage im Bereich der Gesellschaft; sie sind freie Zusammenschlüsse von Personengruppen, die eine bestimmte politische Zielsetzung haben und zur Durchsetzung bringen wollen. Sie ragen zugleich hinein in den Bereich des Staates im Parlament; Fraktionen sind Zusammenschlüsse von Abgeordneten, die einer Partei angehören. Man kann die Partei aus dieser Zwischenstellung nicht herausnehmen. Sie haben genau diese Übergangsfunktion, um die aktive Einflußnahme einzelner oder Gruppen der Gesellschaft auf die staatlichen Angelegenheiten und die Besetzung der obersten staatlichen Ämter zu ermöglichen.

Herr Schieder: Ich möchte auf die Grundfrage eingehen, die Sie gestellt haben: Unterscheidung von Staat und Gesellschaft unter den gegenwärtigen Bedingungen; denn darauf läuft alles letzten Endes hinaus.

Zunächst einmal stimme ich Ihnen im Prinzip vollkommen zu. Ich frage mich nur, wo die Gefährdungen des Staates liegen, wie Sie ausgeführt haben. Wenn man einige der Funktionen nimmt, die den Staat – ich wiederhole wohl auch wörtlich, was Sie gesagt haben – qualitativ herausheben, z. B. das Rechtsetzungsmonopol, das Monopol zur Aufrechterhaltung des Friedens, also sowohl der inneren wie der äußeren Sicherheit, und das Gewaltmonopol, so sind doch in allen diesen Bereichen heute enorme Beeinträchtigungen dessen eingetreten, was wir in der alten Staatslehre noch als Souveränitätsmerkmale bezeichnet sehen. Wenn man einmal von der äußeren Sicherheit ausgeht, so wird diese allein schon durch die modernen Waffensysteme ja gar nicht mehr von jedem einzelnen Staat garantiert werden können, sondern sie ist eine Angelegenheit von globalem Ausmaß. Das drückt sich in der Abtretung von Souveränitätsrechten an übergeordnete, übernationale Kommandos aus usw. Ich brauche das nicht auszuführen; es ist bei der NATO ähnlich wie beim Warschauer Pakt, so sehr problematisch das im einzelnen sein mag. Aber letztlich ist es doch so, daß Souveränität in diesem Sinne nur noch die Supermächte besitzen und infolgedessen also die Souveränität der kleineren und mittleren Staaten, d. h. die Wahrung auch ihrer äußeren Sicherheit, in vielerlei Hinsicht nur noch eine Fiktion ist.

Als zweite Frage wäre zu stellen: Inwieweit ist die qualitative Herausgehobenheit staatlicher Kompetenz in der Aufrechterhaltung des inneren Friedens nicht auch bedroht? Es ist doch sehr merkwürdig, daß in Amerika so etwas wie die Civil-Rights-Bewegung entsteht, in der letzten Endes ähnliche Dinge in Anspruch genommen werden, wie sie seinerzeit in der Fehde beansprucht wurden, und Otto Brunner hat seinerzeit überzeugend nachgewiesen, daß die Fehde nicht ein Zustand außerstaatlicher Verwilderung ist, sondern ein vorstaatlicher Zustand, der durchaus in sich selbst rechtlich gesichert ist. Ob nun der Anspruch der selbständigen Aufrechterhaltung von Sicherheit durch außerstaatliche Verbände etwas Vergleichbares ist, das möchte ich als eine Frage an Sie stellen; denn wir haben in extremen und radikalen Fällen doch jetzt auch Ähnliches erlebt, und es gibt immerhin theoretisch auch sehr viele Ansprüche, die in dieser Richtung in vielen Schriften der neuen Linken erhoben werden.

Noch ein dritter Punkt: Sie haben zuletzt selbst gesagt, daß die stärkste Bedrohung des Staates – wobei man immer sagen muß: Staat ist jeweils bestimmt durch das, was ihn trägt – zur Zeit durch die Wirtschaft geschieht. Ich erinnere dabei an die Schrift von Forsthoff über den Staat im Industriezeitalter, der sagt, daß es gar nicht mehr um die – er nennt es – soziale Realisation, sondern um die technische Realisation gehe und daß die Technik sozusagen eine autonome Macht sei, die aus sich heraus sich selbst setzt, ohne daß sie etwa primär Bedürfnisbefriedigung will, sondern die Bedürfnisse geradezu erst schafft. Und daß die Technik in sämtliche Bereiche unseres täglichen Lebens eingreift, wissen wir alle. Es fragt sich, wieweit der Staat hier noch in der Lage ist, Grenzen zu setzen etwa durch – um ein Schlagwort zu nennen – Umweltschutz und alles, was damit zusammenhängt.

Das letzte Problem, auf das ich noch eingehen wollte, liegt in der merkwürdigen Paradoxie, daß auf der einen Seite heute gesagt wird: Der Staat ist tot. Das steht, so glaube ich, auch bei Forsthoff in deutlicher Analogie zu Nietzsches „Gott ist tot". Andererseits hat es wohl erstens nie so viele Staaten in der Weltgeschichte gegeben wie in der Gegenwart, und zweitens wird gerade in den Staaten des Ostblocks die staatliche Souveränität sozusagen als erstrangig gegenüber allen anderen Werten dargestellt, selbst gegenüber der Internationalität der proletarischen Revolution, was manche Implikationen hat hinsichtlich etwa der Vorstellung des eigenen Weges zum Kommunismus.

Hier liegt auch in der Welt, die von der Technik bestimmt ist – das ist in West und Ost genau dasselbe –, etwas vor, was eigentlich den Prophezeiungen der Entwicklung zu einer staatlosen Gesellschaft hin diametral widerspricht. Wenn Engels gesagt hat, der Staat werde nicht abgeschafft, sondern er sterbe ab, so hat Schelsky einmal vor zehn oder wie vielen Jahren davon gesprochen, daß es keine politischen Entscheidungen mehr in einem technischen Staat geben werde, sondern daß eigentlich nur noch über Sachverständigengutachten diskutiert werde. Er bezieht sich dabei fast wörtlich auf Engels, aber faßt das Problem von einer ganz anderen Seite her.

Ich glaube, daß hier Gefährdungen des Staates vorliegen, obwohl man sagen muß, daß diese Prognosen, sowohl die von Engels wie die von Schelsky, durch die Realität, durch die historischen Tatbestände der Geschichte in dem letzten halben Jahrhundert radikal widerlegt werden. Es ist eben nicht so, daß politische Entscheidungen in der Auseinandersetzung über Sachverständigengutachten erfolgen, sondern sehr oft gerade zwischen Dilettanten, wenn Sie so wollen, und das Politische wird oft als „Dilettantismus" gegenüber dem Sachverstand in Erscheinung treten. Die Frage, die sich daraus ergibt, ist die, ob eben der Staat sich dann in dieser letzten Entwicklung zurückzieht auf eine Position, in der er seine berechtigten, seine legitimen Ansprüche eigentlich nur noch als Fiktion aufrechterhalten kann. Das ist keine Entwicklung, die ich in irgendeiner Weise befürworten würde; aber es ist eine Frage, vor der wir heute stehen.

Herr Böckenförde: Um die Gefährdungen des Staates, von denen Sie sprechen, richtig einzuschätzen, kann uns die Erkenntnis, daß es sich beim Staat um eine Organisation handelt, eine organisierte Wirkeinheit, weiterhelfen. Die Mächtigkeit und die Entscheidungskraft des Staates beruht, weil er eine Organisation und nicht selbst eine Willenseinheit ist, letztlich auf der Einordnungsbereitschaft und Loyalität der Bürger und darauf, daß diese in der Abfolge der Generationen reproduziert wird. Wenn nun aber kein Bewußtsein vom Staat, seiner Notwendigkeit, seiner unabdingbaren Aufgaben und der dafür erforderlichen hoheitlichen Entscheidungsmacht mehr vorhanden ist, wenn, um eine These Forsthoffs aufzugreifen, die geistig-sittliche Selbstdarstellung des Staates nicht mehr gelingt, dann lösen sich Einordnungsbereitschaft und Loyalität leicht auf; der Staat wird dann ein Abstraktum, eine leere Hülse formaler Befugnisse. Was gegenwärtig in der Bundesrepublik an Staatsabbau geschieht, vollzieht sich nicht etwa durch ungenügende Ausstattung der Polizei, durch zu wenig oder zu viele Reformen, sondern vollzieht sich an einer ganz anderen Stelle, nämlich im Schulbereich. Wenn hier nicht mehr dasjenige Maß an Einordnungsbereitschaft und jene relative (keineswegs absolute!) Willensvereinheitlichung, die erforderlich sind, damit ein Staat als politische Organisation überhaupt bestehen kann, mit reproduziert werden, verliert der Staat in einem ganz spezifischen Sinn die Basis seiner Wirksamkeit. Hier kann in 10–15 Jahren mehr abgebaut werden, als ein oder zwei Generationen wieder aufzubauen vermögen. Die Entscheidungsbefugnis des Staates ist letztlich nur so stark, wie sie Widerhall findet in der Gehorsams- und Leistungsbereitschaft derjenigen, an die sie sich wendet. Und diese Bereitschaft wird ihrerseits hervorgerufen durch die Legitimation, die der Staat und das staatliche Handeln bei den einzelnen bzw. in der Gesellschaft findet. Die Fragen der Legitimation des Staates gehören deshalb mit zur Wirklichkeit des Staates. Das sind nicht abstrakte Ideen, die sich Philosophen und Juristen in ihren Köpfen machen. Sind diese Fragen im öffentlichen Bewußtsein nicht mehr präsent und werden sie nicht mehr weitervermittelt, dann erscheint der Staat sehr schnell als blanke, ungerechtfertigte Macht, Repressionsgewalt, die eigentlich keinerlei Anspruch auf Loyalität, freiwillige Einordnungsbereitschaft usf. geltend machen kann. Daß das Wort von der Polizei als den „Bullen" überhaupt eine – wenn auch begrenzte – Resonanz gefunden hat und daß in unseren Medien ohne allgemeines Erschrecken davon gesprochen werden kann, daß selbstverständlich auch der Richter Gewalt gegen Personen ausübe, sollte doch als Signal beachtet werden.

Der Staat besteht, gerade als Organisation, als Einheit im Handeln und Wirken, nicht unabhängig von dem, als was er gedacht wird und wie er sich im Handeln realisiert. Jeder von uns, der Studenten heute davon zu überzeugen versucht, daß etwa das staatliche Monopol der legitimen Gewaltanwendung eine notwendige Bedingung für die staatliche Friedenseinheit ist, ja daß der primäre Sinn des Staates überhaupt die Gewährleistung der Friedenseinheit und die Ermöglichung von Freiheit ist, muß ja geradezu predigen wie ein Pfarrer, um etwas, was wir bislang glaubten, einfach voraussetzen zu dürfen, überhaupt noch irgendwie einsichtig zu machen.

Umgekehrt hängt die Darstellung und Verwirklichung des Staates, weil er Organisation ist, immer auch davon ab, daß sich Menschen finden – nicht notwendig eine bestimmte Gruppe, sondern Menschen –, die bereit sind, wie Hegel es formuliert hat, die Angelegenheiten der Allgemeinheit zu ihrem persönlichen Geschäft zu machen, sich damit zu identifizieren. Das betrifft nicht allein die Inhaber der Verwaltungs- und Richterämter, sondern ebenso und gerade der hohen politischen Ämter. Nur dadurch kann sich der Staat in einer Weise, die Legitimität begründet und Widerhall findet, überhaupt verwirklichen, Realität gewinnen. Kommt das nicht mehr zustande, aus welchen Gründen immer, so verliert der Staat alles das, was er an geistiger Sinnhaftigkeit hat, was er aus der Ausrichtung seines Handelns auf die grundlegenden Staatszwecke an Rechtfertigung und Legitimation erfährt bzw. zu gewinnen vermag, und wird eine reine Machtorganisation.

Hier besteht also eine Wechselwirkung. Einerseits beruht der Staat in seiner Entscheidungs- und Wirkmächtigkeit auf der Leistungs- und Einordnungsbereitschaft der einzelnen, andererseits bedarf solche Leistungs- und Einsatzbereitschaft, soll sie sich erhalten und über die Generationen hin reproduzieren, des Bezugs- und Ansatzpunktes in glaubwürdiger und darum legitimitätsbegründender Wahrnehmung der staatlichen Ämter und Aufgaben. Eine Organisation, ihr Geist, ihre eingestifteten Zwecke werden eben wirklich erst im Handeln der die Organisation darstellenden und für sie tätigen und ebenso der sie tragenden Menschen.

Auf die Frage der Außensouveränität möchte ich hier nicht näher eingehen. Sie ist ein besonderes Problem, das nicht im Blickfeld meines Vortrags lag. Hier erhebt sich die Frage, ob die Bundesrepublik in diesem Sinne noch ein Staat, eine politische Einheit ist oder ob es nur noch die Atommächte sind. Für letzteres spricht nach meiner Auffassung vieles, doch mag das hier dahinstehen.

Was das Verhältnis von Staat und Wirtschaft angeht, so wollte ich zeigen, wie hier eine wachsende Identifikation eintritt, und zwar aus einer gewissen Notwendigkeit heraus. Ich glaube nicht, daß es vorrangig ein Problem von Staat und Technik ist. Natürlich bestehen die Möglichkeiten, die durch die Technik geschaffen worden sind, den Produktionsprozeß auszuweiten, in einem Maß, daß er gewissermaßen selbstläufig wird. Aber das zentrale Problem ist ja dies, daß der Staat um der Erfüllung seiner Aufgaben und der Erwartungen willen, die an ihn herangetragen werden, darauf angewiesen ist, die Wirtschaft ständig im Progreß zu halten, eine Wachstumswirtschaft zu garantieren, und daß er dadurch notwendig in die beschriebene Komplementärfunktion gegenüber der Wirtschaft gerät. Und die Frage, die sich für das Verhältnis Staat und Wirtschaft und Staat und Technik gemeinsam ergibt, ist folgende: Ist es zu erreichen und auf welchem Wege ist es zu erreichen, daß wieder ein *Primat der Politik* geltend gemacht werden kann? Wir haben heute weitgehend einen Primat der Wirtschaft. Von der Wirtschaft, genauer den Funktionsgesetzlichkeiten des industriell-wirtschaftlichen Prozesses werden die Bedingungen diktiert, und die politische Organisation muß ihnen entsprechen, weil sie ihrerseits auf den wachsenden Wirtschaftsertrag angewiesen ist, um die allgemein akzeptierten sozialen Staatsaufgaben zu verwirklichen. Einen schwachen Ansatz in Richtung auf den Primat der Politik haben wir jetzt möglicherweise im Begriff der Qualität des Lebens, der seit einigen Monaten bei uns Karriere macht. Wenn es möglich ist, diesem Begriff als Leitvorstellung zum Sieg zu verhelfen, haben wir es geschafft; denn er impliziert eine Umorientierung, weg vom Primat der Wirtschaft und einer Steigerung des Lebensstandards ohne Grenze. Es bedarf dann allerdings einer ungeheuren politischen Kraft, um Entscheidungen, die der technischen Realisation und ziellosem wirtschaftlichen Wachstum im Interesse allgemein-humaner und ökologischer Zielsetzungen Grenzen setzen, konsensfähig zu machen und durchzusetzen.

Freiherr von Medem: Die These Ihres Vortrags, daß die – so hatten Sie es formuliert – verfassungstheoretische Unterscheidung von Staat und Gesellschaft eine Bedingung der individuellen Freiheit sei, wird deutlich am Beispiel totalitärer Staatssysteme. Die Problematik entsteht, wenn man sie z. B. auf die Vereinigten Staaten bezieht, und Sie haben ja zu Beginn Ihres Vortrags auch Herrn Prof. Ehmke als Vertreter einer Gegenposition zitiert, der sich ausdrücklich auf die Vereinigten Staaten berufen habe.

Nun, ich bin kein Experte des amerikanischen Verfassungsrechts; ich war aber in diesem Frühjahr in den Vereinigten Staaten und habe dort auch, am Rande der eigentlichen Aufgabe meines Besuchs, Gespräche führen können, bei denen die heutige Thematik angeschnitten worden ist. Dabei hatte ich eigentlich nicht den Eindruck, daß zumindest in dem individuellen Bewußtsein der einzelnen amerikanischen Gesprächspartner diesen die theoretische Unterscheidung von Gesellschaft und Staat etwas Fremdes und nicht zu Begreifendes war. Es ist vielleicht auch möglich, daß sich gerade unter dem Eindruck der Bedrohung der Freiheit – das wäre ein Beweis für Ihre These – auch in den Vereinigten Staaten eine solche Erkenntnis durchsetzt. In diesem Zusammenhang wäre ich Ihnen dankbar, wenn Sie Ihre Meinung zu dem Urteil des Obersten Gerichtshofs der Vereinigten Staaten sagen könnten, der vor wenigen Tagen die Entscheidung eines Verwaltungsgerichts in einem gesellschaftlichen Prozeß – nämlich in der Frage, ob Parteimandate für den Kandidaten McGovern zu Recht beständen oder nicht – sich nicht zu eigen gemacht, sondern sich für unzuständig erklärt und die Entscheidung somit aus dem Bereich des Staates, dem das oberste Gericht zugeordnet ist, in den Bereich der Gesellschaft verwiesen hat mit der Begründung: Dies ist eine Angelegenheit, die allein der Konvent der Demokratischen Partei entscheiden kann.

Es ist vielleicht etwas überspitzt, wenn man dieses Urteil im Sinne der These des Vortrags sehen will; aber ich könnte mir doch denken, daß man es – vor allem dann, wenn man einen Trend in dieser Richtung zu erkennen glaubt – so deuten könnte.

Herr Böckenförde: Ich kenne das Urteil bislang nur aus den Berichten in der Presse. Danach halte ich es durchaus für möglich, daß die von Ihnen angesprochene Frage im Hintergrund steht. Es wäre ein Zeichen der Stärke des Staates, wenn das Gericht erklärt: Ich bin nicht bereit, jeden gesellschaftlichen Konflikt zu einem Konflikt im Bereich des Staates machen zu lassen. Das regelt Ihr selbst. Es läßt sich allgemein sagen, daß es ein Zeichen der Stärke, nicht etwa der Schwäche des Staates ist, wenn nicht jedes gesellschaftliche Problem von ihm sogleich als ein politisches angenommen werden muß, wenn er etwa sagen kann: Macht das unter Euch aus.

Carl Schmitt hat darauf hingewiesen, daß der quantitativ totale Staat, der Staat, der sich jeder Sache annehmen muß, der nicht mehr die politische Kraft hat, sich auf bestimmte Regelungen zu beschränken, im Grunde ein schwacher Staat ist. Natürlich ist auch für einen in diesem Sinne starken Staat das Abweisen gesellschaftlicher Probleme nur in Grenzen möglich; denn jedes gesellschaftliche Problem wird, wenn es einen bestimmten Intensitätsgrad der Assoziation bzw. Dissoziation von Menschengruppen auslöst, zwangsläufig zu einem politischen Problem und damit – sofern der Staat noch die politische Einheit ist – zu einem staatlichen.

Herr Pieper: Durch die letzten Diskussionsäußerungen bin ich von dem, was ich eigentlich sagen wollte, etwas abgedrängt worden, so daß ich nun noch ein paar Bemerkungen vorschalten möchte.

Den Wortgebrauch der Unterscheidung von Staat und Gesellschaft kann man, so glaube ich, in diesem unserem kulturellen Bereich getrost akzeptieren.

Was Herr Böckenförde zuletzt gesagt hat über die Notwendigkeit der Reproduzierung dieser Unterscheidung durch die jeweils nachfolgende Generation (und zwar genau im Interesse der These, wonach durch diese Unterscheidung, die natürlich nicht nur als „begriffliche", sondern sozusagen als „reale" Unterscheidung gedacht ist, die individuelle Freiheit allein garantiert sei) – nun, ich glaube, daß diese Dinge von einer unerhörten Aktualität sind. Sie haben u. a. von der Schwierigkeit gesprochen, den Studenten bestimmte Begriffe klarzumachen. Ich glaube, daß niemand von uns sagen kann, daß er nicht ähnliche Erfahrungen gemacht hat. Es kann anscheinend einem Studenten heute nicht mehr klargemacht werden, daß, wenn die Polizei von der Schußwaffe Gebrauch macht, etwas prinzipiell anderes geschieht, als wenn die Studenten mit Steinen werfen.

Sie haben auch das Wort „Gehorsamsbereitschaft" gebraucht. Ich möchte hier in Klammern einmal an die alte klassische Gerechtigkeitslehre erinnern dürfen, in welcher z. B. gesagt worden ist, daß auch die „Untertanen", die *subjecti,* teilhaben können und teilnehmen müssen an der Gerechtigkeit des Königs, indem sie einer gerechten „Zuteilung" ihre Zustimmung geben. In diese Richtung geht auch, so meine ich, und zwar im *modus negativus,* was Donoso Cortés um 1850 im Parlament gesagt hat: Es werde zu einem Zustand kommen, in dem die Völker sich nicht mehr regieren lassen. Das Parlamentsprotokoll vermerkt hierzu: „Gelächter." Inzwischen ist uns dies Gelächter vergangen. Und was Yorck von Wartenburg in seinem Briefwechsel mit Dilthey in dem epigrammatischen Satze sagt: „Sandatome kann nur die geballte Faust zusammenhalten; das Komplementum heißt Tyrannis" – ist ja wohl nur eine Formulierung dessen, was sich ergibt aus der Aufhebung jener Unterscheidung der beiden Kategorien Gesellschaft und Staat. Diese Unterscheidung kann natürlich von *beiden* Seiten her aufgehoben werden, wobei dann auch beide Seiten pervertieren. Sie kann durch eine totalitäre

Staatsauffassung aufgehoben werden, und sie kann ebenso durch eine antistaatliche Gesellschaftsutopie gefährdet und aufgehoben werden.

Aber nun mein eigentliches Votum, das sich unmittelbar an Ihren Vortrag anschließt. – Sie haben zuletzt gesprochen von der Gefahr einer Identifizierung von Staat und Gesellschaft, vor allem von der Identifizierung von Wirtschaft und Staat im Sozialstaat, wobei entsprechend Ihrer These die Gefahr eben in der Bedrohung der individuellen Freiheit liege.

Nun meine Frage: Ist nicht die Identifizierung von Staat und Weltanschauungsgemeinschaft, wie sie in den Ostblockstaaten, in den heute eigentlich klassisch totalitären Staaten, geschieht, eine viel aktuellere Gefährdung dieser Unterscheidung, indem dort der Staat mit seinen Mitteln eine bestimmte Weltanschauung machtmäßig durchsetzt? Sie haben von der Kirche gesprochen. Kirche ist ja sicher ein ganz besonders signifikanter Aspekt von „Gesellschaft", das heißt, des freien, sich jedenfalls zunächst einmal *vor*staatlich entfaltenden Gemeinlebens. Hier also ist es der „Kaiser", der selber Papst zu sein beansprucht, indem er eben konkret den Atheismus, den Materialismus usw. mit staatlichen Mitteln durchsetzt! Ich frage also noch einmal, ob nicht *diese* Identifizierung von Staat und Gesellschaft – wobei ich jetzt mit Gesellschaft vor allem „Weltanschauungsgemeinschaft" (oder wie man es nennen mag) meine; das ist ja eine Frage der Terminologie – mindestens ebenso aktuell als Gefahr vorhanden ist. Unsere berühmten „Linken" wollen doch im Grunde auch eine Art Weltanschauungsdiktatur.

Man könnte vielleicht noch genereller fragen. Ich weiß allerdings nicht genau, ob diese Frage in unseren Diskussionsrahmen hineingehört. Ich würde also meinen, ob nicht das generell Falsche einer solchen totalitären Staatspraxis darin liegen könnte, daß hier vom Staat, als dem machtmäßigen Verwalter des *bonum commune,* der Versuch gemacht wird, das *bonum commune* endgültig inhaltlich zu definieren, was, meine ich, prinzipiell unmöglich ist. Das *bonum commune* ist etwas, das sich aus den freien Kräften des gesellschaftlichen Lebens überhaupt erst allmählich darstellt. Weil also das *bonum commune* nicht von vornherein endgültig definiert werden kann, darum kann auch nicht endgültig definiert werden, was *gegen* das *bonum commune* ist.

Herr Böckenförde: Ich möchte Ihnen in vielem zustimmen. Ich habe vielleicht in der Kürze der Zeit nicht genügend deutlich machen können, daß zum Staat nicht nur als etwas Peripheres, sondern wesensmäßig die Ausrichtung auf bestimmte grundlegende Staatszwecke und damit zugleich die Begrenzung auf diese Staatszwecke hinzugehört.

Die Ausrichtung und zugleich Begrenzung auf diese grundlegenden Staatszwecke ist nicht etwas, das einmal entsteht und dann für immer vorhanden und gesichert ist, sondern es ist etwas, das stets neu realisiert werden muß. Das Problem liegt darin, daß einerseits der Staat als Entscheidungseinheit mit der Zuständigkeit zur verbindlichen Letztentscheidung, also der Souveränität, eine notwendige Bedingung der Freiheit und des Friedens ist. Aber dies allein ist noch nicht die hinreichende Bedingung; es muß hinzukommen, daß die Zwecke, die den Staat als Entscheidungseinheit rechtfertigen und begründen, auch realisiert werden. Das läßt sich aber neben organisatorischen Sicherungen nur dadurch erreichen, daß diejenigen, die staatliche Gewalt ausüben, bereit sind, sich in diese Zweckausrichtung und Bindung hineinzustellen, ihr Amtshandeln davon bestimmen zu lassen, und daß dies sich institutionell verfestigt. Das macht den Geist des Staates aus, sein geistiges Prinzip, demzufolge er sich, auch gegenüber seinen Bürgern, als „Reich der Vernunft" darstellt usf.

Eben dies kann natürlich auch ausbleiben oder wieder ausfallen. Dann reduzieren sich solche Staaten auf bloße Machteinheiten. Wir können natürlich im Weg der Verständigung sagen: Auch solche politischen Gebilde bezeichnen wir als Staaten, wie es etwa im internationalen Verkehr geschieht. Aber diesen Staaten ist der Geist des Staates ausgetrieben, und man kann nicht einfach von dem abstrahieren, was das „Um-willen" des Staates als politische Macht- und Entscheidungseinheit ausmacht, was ihn als solche rechtfertigt und trägt und was auch die Verknüpfung von Macht und Recht im Begriff der Souveränität erst legitimiert. Es ist ja nicht die faktische blanke Macht, die im Begriff der Souveränität als Rechtsbegriff gefaßt wird, sondern die auf bestimmte Zwecke orientierte, dadurch begrenzte und legitimierte Macht.

Um auf Ihre Frage nach der Bedrohung der Unterscheidung von Staat und Gesellschaft durch den Weltanschauungsstaat zu antworten, so gibt der Staat in der Tat seine grundlegende Zweckausrichtung, sein „Um-willen" auf, wenn er sich mit einer Weltanschauung identifiziert und diese machtmäßig durchzusetzen strebt. Gerade an seinem Ursprung hat der Staat durch das Prinzip der Nichtidentifikation gegenüber den Totalitätsansprüchen der als Religionsparteien auftretenden Kirchen Freiheit realisiert und durchgesetzt. Insofern gibt er sich selbst auf, wenn er sich nunmehr in einer bestimmten Weltanschauung als einer in der Gesellschaft bestehenden und sich entfaltenden Überzeugung identifiziert. Nur ist die Gefahr dieser Pervertierung weniger ein Problem der westlichen Staaten, und insbesondere nicht der Bundesrepublik.

Ich stimme Ihnen zu, wenn Sie sagen: Das bonum commune kann nie *abschließend* definiert werden. Aber es können Elemente des bonum commune definiert werden. Gerade das ist es ja, was in der Feststellung grundlegender Staatszwecke, in der Formulierung von Grundrechten, etwa der Religionsfreiheit als Prinzip staatlicher Ordnung, versucht wird. Ich sehe keinen Grund zu zweifeln, daß dies möglich ist: Elemente des bonum commune verbindlich festzulegen, in wechselnden Situationen auch neu verbindlich festzulegen.

Herr Welzel: Herr Böckenförde, am meisten hat mich Ihr letzter Beitrag, in dem Sie über Staat und Wirtschaft gesprochen haben, interessiert.

Aber ich wollte doch noch zurückgreifen. Es hat mich am Anfang gewundert, daß Sie, als Sie die Frage nach der Gesellschaft stellten, mit Marx begannen und nicht mit Hegel anfingen; denn in Wirklichkeit ist ja der Anfang bei Hegel gewesen.

Herr Böckenförde: Das läßt sich ganz kurz beantworten. Ich habe Marx als Beleg für die historische Entwicklung genommen. Ich wollte ihn damit nicht zum ersten Theoretiker von Staat und Gesellschaft erheben – das ist zweifelsohne Hegel –, sondern nur diese geraffte Schilderung eines mehrhundertjährigen historischen Vorgangs, der hier, wie ich glaube, bei Marx wirklich in seiner Essenz beschrieben ist, anführen.

Herr Welzel: Gut! Ich ziehe zurück.

Eine letzte Frage zu Ihrem letzten Beitrag über Staat und Wirtschaft! Auch hier nur Beispiele! Als Schlieker zusammenbrach, als Borgward zusammenbrach, kümmerte sich niemand darum. Die machten Pleite; sie verloren ihr Familienvermögen. Als aber Krupp zusammenbrach, da kam der Staat hinzu. Bei Henschel auch! Nicht wahr, also diese Abhängigkeit des Staates von der Wirtschaft!

Herr Böckenförde: Das signalisiert das Problem genau. Der Fall Schlieker ist besonders interessant; Schlieker war nicht bankrott, sondern nur illiquide, hatte keine Barmittel; die Konkursquote war bei Schlieker erstaunlich hoch. Nach welchem Rechtsprinzip hatte Krupp Anspruch auf eine Bürgschaft von 300 Millionen DM – die zwar nicht in Anspruch genommen worden sind, aber er brauchte sie einfach als Sicherheit für neue bzw. verlängerte Kredite – und Schlieker diesen Anspruch nicht? Ähnliches gilt für Henschel/Rheinstahl. Ich meine, hier muß man unseren jungen Linken wirklich recht geben, wenn sie fragen: Wie ist es dann eigentlich mit den Gewinnen? Wenn die Verluste jeweils sozialisiert werden müssen, wenn ihre Abdeckung eine allgemeine, aus Steuermitteln zu begleichende Angelegenheit wird, wieso kann dann, solange Gewinne erwirtschaftet werden, das eine private Angelegenheit sein? – Ist die Lage so, daß die Gesamtregie des wirtschaftlich-sozialen Prozesses vom Staat geführt wird oder werden soll und er also in solche Verluste eintreten muß, dann muß die Frage gerechter- und konsequenterweise nach beiden Seiten gestellt werden.

Das Problem zeigt sich in ähnlicher Weise bei den staatlichen Konjunkturregelungen. Durch das System der indirekten Steuerungsmittel, das wir praktizieren, kommen wir zu einem wachsenden Auseinanderfall von Vermögenszuwachs und eigener Leistung. Denn wenn zur Ankurbelung der Konjunktur besondere Abschreibungsmöglichkeiten für Investitionen – in 3 oder in 5 Jahren – eingeräumt werden, so daß Vermögen viel schneller gebildet werden kann, so beruht die dadurch eintretende Vergünstigung nicht auf einer besonderen Leistung des Unternehmers. Sie wird aus allgemein wirtschaftlichen, konjunkturregelnden Gründen gegeben, ihr Ertrag indes wächst an bei dem individuellen Unternehmen in je privatem Bereich. Auch hier stellt sich die Frage nach dem zugrunde liegenden Rechtsprinzip. Oder wenn Subventionen gewährt werden. Müßte man hier nicht sagen, das seien staatliche Beteiligungen? Es ist ja Geld der Steuerzahler, der Allgemeinheit, das hier an Private ausgegeben wird.

Die Diskrepanz, die sich hier auftut, hat ihren Grund darin, daß der Staat in einer marktwirtschaftlichen Ordnung weithin, wie ich dargelegt habe, auf die indirekten Steuerungsmittel verwiesen ist. Diese indirekten Steuerungsmittel stellen aber, da sie darauf beruhen, nichtleistungsbezogene Vermögensvorteile auszuwerfen, das System einer vernünftigen Ordnung freien Wirtschaftens in Frage. Die Frage, die dahintersteht, ist die, wieweit der Staat, wenn er aus Gründen des Gemeinwohls konjunktursteuernd tätig wird und tätig werden muß, dies primär in Form marktstrategischer Datensetzung etc. tun darf, ohne das Verhältnis von Gesellschaft und Staat überhaupt zu korrumpieren.

Herr Ritter: Sie haben, Herr Böckenförde, die Aufmerksamkeit Ihrer Hörer auf die verfassungsmäßige Unterscheidung von Staat und Gesellschaft gelenkt. Das ist nach der langen Gewohnheit, alles auf die Gesellschaft zu beziehen und den Staat lediglich als ihre Funktion im Sinne des Not- und Verstandesstaates zu denken, ebenso dankenswert wie ermutigend.

Diese Unterscheidung steht, ohne daß Sie dies besonders hervorgehoben haben, im Zusammenhang mit der klassischen Staatsphilosophie Hegels, der zuerst den Begriff und das Wesen des Staates dadurch bestimmt und verändert findet, daß in ihn die bürgerliche industrielle Gesellschaft einbricht und seine Autonomie in ihrem Grunde in Frage stellt. Durch sie als das von Bedürfnis und Arbeit vermittelte „System der Bedürfnisse" wird in einem universalen Sinne zum ersten Male der einzelne je sich selbst zum Zweck und „das Wohl des Einzelnen und sein rechtliches Daseyn in die Subsistenz, das Wohl und Recht Aller verflochten" (Grundl. d. Philos. d. Rechts Ww Glockner 7, §§ 182, 183) und damit der Mensch als Mensch emanzipativ zum Subjekt und seine Wohlfahrt zum einzigen politischen Zweck erhoben, während tendenziell alle anderen geschichtlichen, religiösen und inneren Bestimmungen des Menschen in sich und in seiner Subjektivität der Gefahr ihrer Negation ausgesetzt werden, und die bürgerliche Gesellschaft sich als die „ungeheure Macht" durchsetzt, „die den Menschen an sich reißt, von ihm fordert, daß er für sie arbeite, und daß er Alles durch sie sey und vermittelst ihrer thue" (§ 238 Z).

Die bürgerliche Erwerbsgesellschaft erscheint Hegel daher als die Möglichkeit fortdauernder Revolutionen, durch die die substantielle Freiheit aufhört, der gediegene Boden für das bürgerliche Leben zu sein. Im Verhältnis hierzu hat er dann die geschichtliche Macht und die Wirklichkeit des Staates gesetzt und ihn als die „ungeheure Vereinigung der Selbstständigkeit der Individualität und der allgemeinen Substantialität" begriffen (§ 33 Z).

In dieser Tradition steht mehr und weniger vermittelt Ihr Ansatz; aber zugleich liegt hier auch geschichtlich und politisch das Problem, das von Ihnen schon angesprochen wurde. Für Hegel steht noch fest, daß Bürgertum, Adel, Beamten, der einzelne in seiner gediegenen sittlichen Bildung und Gesinnung den Staat tragen, dieser also nicht für sich gesetzte Gewalt, sondern in dem für den einzelnen wesentlichen Allgemeinen die Basis hat: Das (in den sittlichen Institutionen verwirklichte und vermittelte) „Selbstgefühl der Individuen macht seine Wirklichkeit aus"; „worauf es ankommt ist, daß sich das Gesetz der Vernunft und der besonderen Freiheit durchdringe, und mein besonderer Zweck identisch mit dem Allgemeinen werde" (§§ 265, 265 Z). „Durch die Gewalt, meint die Vorstellung oft, hänge der Staat zusammen, aber das Haltende ist allein das Grundgefühl der Ordnung, das Alle haben" (§ 268 Z); fehlt dies, so „steht der Staat in der Luft" (§ 265 Z).

Diese Schicht, auf deren Gesinnung der Staat so für Hegel verwiesen ist, hat seitdem ihre Bedeutung und ihre Kraft verloren; sie wird mehr und mehr ausgezehrt, und die bedrängende Frage ist es, wer noch den Staat trägt und die Substanz seiner Wirklichkeit zu bilden vermag. Diese Frage ist auf beunruhigende Weise offen.

Die hypertrophische Verwendung des Begriffs der Gesellschaft, so als sei „Gesellschaft" alles und der Staat nichts (obwohl doch niemand von der deutschen, der französischen, der italienischen, der russischen Gesellschaft spricht, und in der politischen Wirklichkeit im Osten wie im Westen, in der UNO, in der EWG usf. immer noch die Souveränität der Staaten den Inhalt der Auseinandersetzungen bildet und bestimmt) beruht zuletzt darauf, daß die alte These von der Erfüllung der Wohlfahrt durch die expansive Progression der gesellschaftlichen Produktivkräfte und der Vermehrung der Güter noch vorausgesetzt bleibt. Hier scheinen nun die Grenzen sichtbar zu werden: Was geschieht dann, wenn das ständige Wachstum der gesellschaftlichen Kräfte aufhört Voraussetzung zu sein, und wenn die Frage gestellt werden muß, wer den Fortschritt begrenzen und vielleicht einschränken kann (Heisenberg). Das Problem des Umweltschutzes ist in seiner Dringlichkeit vielleicht erkannt und sichergestellt. Wer aber soll die Macht haben, die Dinge hier durchzusetzen, die nicht durch Gewinn definiert werden, sondern Geld kosten? Wer ist in der Lage, der Industrie nicht nur zu sagen und zu raten, was zu tun ist, sondern dies bei ihr auch durchzusetzen? Diese Fragen bringen in ihrer Unabweislichkeit, so würde ich sagen, die Rolle des Staates oder der Staatenunion ins Spiel. Das Problem, das hier gestellt wird und auf uns zu kommt, wird deutlich, wenn man sieht, wie die Diskussion der großen Umweltfragen immer wieder in Resignation endet. Das dürfte daran liegen, daß hier Ziele und Vorstellungen von Gemeinwohl ins Spiel kommen, die nicht mehr durch den Fortschritt gedeckt werden, die die Gesellschaft und ihre Expansion tragen; diese Ziele sind durchaus offen.

Es scheint für die Klärung des Verhältnisses, in dem Staat und Gesellschaft zueinander stehen, zuvor notwendig zu sein, diese Fragen nüchtern aufzunehmen und auszutragen, ohne daß schon gesagt werden kann, wohin dies führen wird.

Herr Böckenförde: Jetzt muß ich zunächst doch ein Wort dazu sagen, auch als Ihr Schüler, daß ich nicht ausdrücklich von Hegel gesprochen habe. Ich habe das bewußt getan, weil ich meine, daß es, um heute die allgemeine Diskussion auf Hegel hinzulenken, notwendig ist, zunächst einmal die Aporie aufzuzeigen, auf die hin die Verhältnisse sich gegenwärtig entwickeln, ohne dabei sogleich Hegel zu berufen, weil es dann leicht zu Mißverständnissen und Abwehrreaktionen kommt.

Das Problem, vor dem wir stehen, ist genau das ungelöste Problem des Hegelschen Staates als sittlicher Staat. Wir haben den Not- und Verstandesstaat als die Selbstorganisation der bürgerlichen Gesellschaft. Aber kaum mehr. Hier gilt es zunächst, überhaupt bewußt zu machen, daß das nicht zureicht, und dann die Diskussion darauf hinzulenken, daß sie dieses Problem aufgreift. Dabei muß man natürlich sehen, daß die konkrete Lösung, die es bei Hegel gefunden hat, heute nicht mehr realisierbar ist. Dafür sind die Voraussetzungen entfallen.

Gleichwohl besteht das Problem als solches weiter. Der Staat braucht größere politische Entscheidungskraft gegenüber gesellschaftlich-immanenten Antrieben, Interessenbewegungen usw.; diese ist indes nur möglich auf der Grundlage einer ethisch-sittlichen Legitimation des Staates, die ein Bewußtsein der Bürger vermittelt, das solche Entscheidungskraft auffängt und trägt. Was läßt sich im Augenblick dafür tun? Ich möchte hier noch einmal auf den Begriff der „Qualität des Lebens" hinweisen. Wir sollten ihn mit großer Sympathie behandeln. Ich möchte meinen, daß er ein Ansatzpunkt sein kann. In seiner Frontstellung Qualität versus Quantität hat er eine Evidenzwirkung, und er ist darin letztlich bezogen auf eine Gemeinwohlvorstellung, die über eine funktionale Ausgleichsordnung hinausgeht und den Staat nicht lediglich als Not- und Verstandesstaat, d. h. als Funktion der Gesellschaft begreift. Setzt dieser Begriff sich durch, so lassen sich daraus nach meiner Überzeugung auch Folgerungen in dieser Richtung ziehen, und wir selbst können dazu etwas beitragen.

Herr Schieder: Was Hegel betrifft, so haben Sie vollkommen recht. Er hat die industrielle Expansion weit früher gesehen. Die Rechtsphilosophie enthält ja ausdrücklich einen gewichtigen Paragraphen, in dem von der Ballung, von der Konzentration des Reichtums gesprochen wird, der gegenüber aber eine Konzentration der Armut stattfinden wird, und dieser kann nur durch Armengesetzgebung abgeholfen werden. Hier ist wohl doch – so möchte ich dazu sagen – die Einschränkung zu machen, daß Hegel im Konkreten die Aufgabe des Staates in diesem Punkte nicht erkannt hat.

Herr Landgrebe: Ich möchte noch eine Frage stellen, die nach Ihren Ausführungen, Herr Kollege, offen geblieben ist.

Es ist sehr erfreulich, daß die Frage nach dem Staatszweck wieder gestellt wurde, die so lange von der Staatsrechtslehre vernachlässigt war. Sowohl durch Ihren Vortrag wie durch die Diskussion ist es evident geworden, daß die Unterscheidung von Staat und Gesellschaft keine reaktionäre These ist, sondern auch unter den modernen Bedingungen des Fürsorgestaates aufrechterhalten werden muß, wenn der Staatszweck angemessen definiert werden soll.

Wie ist nun das Verhältnis zwischen Staat, Gesellschaft und Individuum zu denken, und was haben wir unter „Gesellschaft" zu verstehen? Sicher ist die Gesellschaft kein bloßes Konglomerat von Individuen, denn sie ist in Verbände gegliedert, deren jeder legitime Interessen all der einzelnen vertritt, die ihm angehören. Aber die Gesellschaft kann auch nicht ein Konglomerat von Verbänden sein, denn diese Gliederung in Verbände geht sozusagen quer durch jeden einzelnen hindurch. Angefangen vom Verband der Familie gehört ein jeder in der Regel mehreren Verbänden an, Berufsverbänden, politischen Parteien etc. Der Staat ist nicht einfach einer dieser Verbände, mit denen er konkurriert, denn gemäß der Deklaration der Bürgerrechte ist seine Aufgabe die Gewährleistung von Recht und Freiheit für die einzelnen, oder – wie Sie an Kants Definition des Rechtes anspielend sagten – er hat als Rechtsstaat die Funktion, die Willkür eines jeden mit der Willkür aller anderen in Einklang zu bringen. Der Staat steht also über den Verbänden, insofern er die partikularen Interessen, die von ihnen vertreten werden, und das sind eben die Interessen ihrer Mitglieder, mit den allgemeinen Interessen in Einklang zu bringen hat, welche als allgemeine die Interessen eines *jeden* Staatsbürgers sind. Was ist der Gegenstand dieses Interesses, der in der Tradition als das bonum commune bezeichnet wurde? In Kants Definition des Rechtes ist von der Freiheit der Willkür die Rede, und Freiheit der Willkür bedeutet die libertas arbitrii indifferentiae, das ist die Wahlfreiheit. Ein jeder hat zwischen seinen Zielen und Zwecken zu wählen. Diese Freiheit bedarf keiner Garantie durch den Staat. Die Freiheit, die durch die Rechtsordnung des Staates garantiert sein soll, bedeutet vielmehr die Möglichkeit, daß ein jeder die Wahl treffen kann, die er vor seinem Gewissen verantworten kann, und das sagt, daß er die Wahl als *seine* anerkennen kann. Nur dadurch ist er als Person in Identität mit sich selbst konstituiert. Sofern nun ein jeder zugleich zahlreichen Verbänden mit ihren konkurrierenden Interessen angehört, ist der Austrag des Kampfes der Interessen in ihn selbst hineingelegt, und ist es von einem jeden abhängig, daß seine Schlichtung im Sinne des allgemeinen Interesses erfolgt. So besteht über alle Verbände hinweg eine direkte Beziehung eines jeden einzelnen zum Staat als dem Garanten des Freiheitsrechtes. Man kann also nicht sagen, das Individuum sei nichts anderes als das Produkt seiner Gesellschaft, und die Stimme seines Gewissens, deren Recht vom Staate geschützt werden soll, sei nur die Stimme der Gesellschaft. Denn wie soll eine Gesellschaft als Gesellschaft freier Menschen verstanden werden, wenn diese Freiheit nicht die Gewissensfreiheit eines jeden einzelnen ihrer Glieder besagt? Kant hat in der Untersuchung des „irrenden Gewissens" in der Kritik d. pr. V. und Hegel in der Entfaltung der Dialektik des Gewissens in dem Abschnitt „Das Gewissen, die ‚schöne Seele', das Böse und seine Verzeihung" in der „Phänomenologie des Geistes" bereits vorweg alle Argumente beigebracht, mit denen diese heute so beliebte Theorie des Gewissens als der Stimme der Gesellschaft widerlegt werden kann.

Das führt auf die Frage, die ich stellen wollte: Wie muß dann „Gesellschaft" verstanden werden, wenn dies ein notwendiger Strukturbegriff in der Dreiheit von Individuum – Gesellschaft – Staat sein soll? Der Ausdruck geht wohl auf Hegel zurück, und was bei ihm „bürgerliche Gesellschaft" bedeutet, ist aus dem Kontext seiner Rechtsphilosophie klar. Eine allgemeine Definition gibt er zwar in der „Phänomenologie d. G.": „das Ich das Wir ist und das Wir, das Ich ist", aber diese hilft in unserem Zusammenhang nicht weiter. K. Marx definiert in den Pariser Manuskripten die Gesellschaft als „die vollendete Wesenseinheit des Menschen mit der Natur". Aber darin steckt ein verborgenes identitätsphilosophisches, spekulatives Theorem, nämlich die Voraussetzung, daß der Mensch in seiner freien Entfaltung in der Geschichte gewissermaßen automatisch seinen Willen mit der volonté générale in Einklang bringen wird. Aber damit wird dem Menschen, um Kants Ausdruck zu gebrauchen, ein „heiliger Wille" als Möglichkeit zugesprochen, das heißt, ein Wille, der als individueller mit dem allgemeinen Willen zusammenfällt, und wir kommen damit in den Bereich der Utopie. Daher meine Frage.

Herr Böckenförde: Ich bin im Moment ein wenig überfragt und kann jetzt direkt keine weitere Antwort geben als die, die Sie bei Hegel finden. Die Subjektivität des einzelnen ist Bedingung der Gesellschaft; sie kommt in ihr zur Entfaltung, ist dabei aber tragender Grund, nicht Produkt der Gesellschaft. Das heißt, die Gesellschaft als sozialer Lebenszusammenhang und Lebensprozeß muß vom Individuum, der Subjektivität her verstanden und definiert werden, nicht umgekehrt. Zugleich ist die Ungenügendheit der Gesellschaft aus sich selbst festzuhalten, daß sie kein selbstregulatives Gemeinwesen ist, sondern der übergreifenden politischen Entscheidungs- und Ordnungsgewalt bedarf. Wenngleich unverzichtbar für die Selbstentfaltung und das Zu-sich-selbst-kommen-Können des einzelnen, des Individuums, hat sie aus sich selbst die Tendenz, als bloß bei sich bleibende Emanzipation das zu werden, was Hegel die „in ihre extreme verlorene Sittlichkeit" genannt hat.

Für mehr muß ich Sie im Augenblick leider enttäuschen.

Herr Landgrebe: Ich bin keineswegs enttäuscht. Auch ich wäre nicht imstande, eine Antwort aus dem Ärmel zu schütteln. Aber in Anbetracht der heute so mächtigen Tendenz, die „Gesellschaft" zu vergötzen, schien es mir angebracht, auf die Dringlichkeit dieser Frage hinzuweisen.

Herr v. Medem: Ich habe aus dem ganzen Gang der Diskussion – ich würde fast sagen: aus allen Beiträgen eigentlich – nur den Eindruck gewonnen, daß der enge Zusammenhang der individuellen Freiheit in unserer modernen Gesellschaft mit der Frage einer Unterscheidung zwischen Gesellschaft und Staat einfach evident geworden ist. Ich bin kein Mathematiker; aber ich könnte mir denken, daß man fast sagen könnte – im Sinne einer mathematischen Formel, einer Annäherungsgleichung –, daß der Umfang der individuellen Freiheit, d. h. der Freiheit des Individuums im Sinne einer moralischen Person, wie es vorhin formuliert worden ist, sich etwa korrelat zu dem Ausmaß verhält, in dem das Bewußtsein für die Notwendigkeit einer solchen Unterscheidung zwischen Staat und Gesellschaft gegeben ist, d. h. um so schwächer wird, je mehr dieses Bewußtsein verschwindet.

Herr Böckenförde: Ich bedanke mich für diese Bestätigung der Grundthese meines Vortrags, um so mehr, als sie gerade von einem Vertreter der Verwaltungspraxis kommt.

Veröffentlichungen
der Arbeitsgemeinschaft für Forschung des Landes Nordrhein-Westfalen
jetzt der Rheinisch-Westfälischen Akademie der Wissenschaften

Neuerscheinungen 1965 bis 1973

Vorträge G *Heft Nr.*		GEISTESWISSENSCHAFTEN
61	*Ulrich Scheuner, Bonn*	Die Neutralität im heutigen Völkerrecht
101	*Ivor Jennings†, Cambridge (England)*	Die Umwandlung von Geschichte in Gesetz
120	*Eleanor von Erdberg-Consten, Aachen*	Kunst und Religion in Indien, China und Japan
122	*Franz Wieacker, Göttingen*	Zum heutigen Stand der Naturrechtsdiskussion
123	*Bernhard Kötting, Münster*	Der frühchristliche Reliquienkult und die Bestattung im Kirchengebäude
124	*Günther Stökl, Köln*	Das Bild des Abendlandes in den altrussischen Chroniken
125	*Joseph Höffner, Münster*	Selbstverständnis und Perspektiven des Zweiten Vatikanischen Konzils
126	*Jost Trier†, Münster*	Wortgeschichten aus alten Gemeinden
127	*Herbert Dieckmann, Cambridge (USA)*	Die künstlerische Form des Rêve de D'Alembert
128	*Hans Welzel, Bonn*	An den Grenzen des Rechts. Die Frage nach der Rechtsgeltung
129	*Paul Mikat, Düsseldorf*	Das Verhältnis von Kirche und Staat im Lande Nordrhein-Westfalen in Geschichte und Gegenwart
130	*Ernst Langlotz, Bonn*	Die kulturelle und künstlerische Hellenisierung der Küsten des Mittelmeers durch die Stadt Phokaia
131	*Harry Westermann, Münster*	Das Verhältnis zwischen Bergbau und öffentlichen Verkehrsanstalten als Gegenstand richterlicher und gesetzgeberischer Bewertung
132	*Werner Schulemann, Bonn*	Die Kunst Zentralasiens als Ausdrucksform religiösen Denkens
	Walther Heissig, Bonn	Tibet und die Mongolei als literarische Provinzen
133	*Tilemann Grimm, Bochum*	China und Südostasien in Geschichte und Gegenwart
134	*Peter Berghaus und Karl Schneider, Münster*	Anglo-friesische Runensolidi im Lichte des Neufundes von Schweindorf (Ostfriesland)
135	*Benno von Wiese, Bonn*	Goethe und Schiller im wechselseitigen Vor-Urteil
136	*Gotthard Günther, University of Illinois (USA)*	Logik, Zeit, Emanation und Evolution
137	*Karl Heinrich Rengstorf, Münster*	Die Re-Investitur des Verlorenen Sohnes in der Gleichniserzählung Jesu Luk. 15, 11-32
138	*Gerhard Gloege†, Bonn*	Die Todesstrafe als theologisches Problem
139	*Joseph Ratzinger, Tübingen*	Das Problem der Dogmengeschichte in der Sicht der katholischen Theologie
140	*Herbert von Einem, Bonn*	Masaccios „Zinsgroschen"
141	*Karl Gustav Fellerer, Köln*	Klang und Struktur in der abendländischen Musik
142	*Joh. Leo Weisgerber, Bonn*	Die Sprachgemeinschaft als Gegenstand sprachwissenschaftlicher Forschung
143	*Wilhelm Ebel, Göttingen*	Lübisches Recht im Ostseeraum
144	*Albrecht Dihle, Köln*	Der Kanon der zwei Tugenden
145	*Heinz-Dietrich Wendland, Münster*	Die Ökumenische Bewegung und das II. Vatikanische Konzil

146	*Hubert Jedin, Bonn*	Vaticanum II und Tridentinum
147	*Helmut Schelsky, Münster*	Schwerpunktbildung der Forschung in einem Lande
	Ludwig E. Feinendegen, Jülich	Forschungszusammenarbeit benachbarter Disziplinen am Beispiel der Lebenswissenschaften in ihrem Zusammenhang mit dem Atomgebiet
148	*Herbert von Einem, Bonn*	Die Tragödie der Karlsfresken Alfred Rethels
149	*Carl A. Willemsen, Bonn*	Die Bauten der Hohenstaufen in Süditalien. Neue Grabungs- und Forschungsergebnisse
150	*Hans Flasche, Hamburg*	Die Struktur des Auto Sacramental „Los Encantos de la Culpa" von Calderón Antiker Mythos in christlicher Umprägung
151	*Joseph Henninger, Bonn*	Über Lebensraum und Lebensformen der Frühsemiten
152	*François Seydoux de Clausonne, Bonn*	Betrachtungen über die deutsch-französischen Beziehungen von Briand bis de Gaulle
153	*Günter Kahle, Köln*	Bartolomé de las Casas
154	*Johannes Holthusen, Bochum*	Prinzipien der Komposition und des Erzählens bei Dostojevskij
155	*Paul Mikat, Düsseldorf*	Die Bedeutung der Begriffe Stasis und Aponoia für das Verständnis des 1. Clemensbriefes
156	*Dieter Nörr, Münster*	Die Entstehung der *longi temporis praescriptio.* Studien zum Einfluß der Zeit im Recht und zur Rechtspolitik in der Kaiserzeit
157	*Theodor Schieder, Köln*	Zum Problem des Staatenpluralismus in der modernen Welt
158	*Ludwig Landgrebe, Köln*	Über einige Grundfragen der Philosophie der Politik
159	*Hans Erich Stier, Münster*	Die geschichtliche Bedeutung des Hellenennamens
160	*Friedrich Halstenberg, Düsseldorf*	Nordrhein-Westfalen im nordwesteuropäischen Raum: Aufgaben und Probleme gemeinsamer Planung und Entwicklung
161	*Wilhelm Hennis, Freiburg i. Br.*	Demokratisierung — Zur Problematik eines Begriffs
162	*Günter Stratenwerth, Basel*	Leitprinzipien der Strafrechtsreform
	Hans Schultz, Bern	Kriminalpolitische Aspekte der Strafrechtsreform
163	*Rüdiger Schott, Münster*	Aus Leben und Dichtung eines westafrikanischen Bauernvolkes — Ergebnisse völkerkundlicher Forschungen bei den Bulsa in Nord-Ghana 1966/67
164	*Arno Esch, Bonn*	James Joyce und sein *Ulysses*
165	*Edward J. M. Kroker, Königstein*	Die Strafe im chinesischen Recht
166	*Max Braubach, Bonn*	Beethovens Abschied von Bonn
167	*Erich Dinkler, Heidelberg*	Der Einzug in Jerusalem. Ikonographische Untersuchungen im Anschluß an ein bisher unbekanntes Sarkophagfragment Mit einem epigraphischen Beitrag von Hugo Brandenburg
168	*Gustaf Wingren, Lund*	Martin Luther in zwei Funktionen
169	*Herbert von Einem, Bonn*	Das Programm der Stanza della Segnatura im Vatikan
170	*Hans-Georg Gadamer, Heidelberg*	Die Begriffsgeschichte und die Sprache der Philosophie
171	*Theodor Kraus, Köln*	Die Gemeinde und ihr Territorium — Fünf Gemeinden der Niederrheinlande in geographischer Sicht
172	*Ernst Langlotz, Bonn*	Der architekturgeschichtliche Ursprung der christlichen Basilika
173	*Hermann Conrad †, Bonn*	Staatsgedanke und Staatspraxis des aufgeklärten Absolutismus Jahresfeier am 10. Mai 1971
174	*Tilemann Grimm, Bochum*	Chinas Traditionen im Umbruch der Zeit
175	*Hans Erich Stier, Münster*	Der Untergang der klassischen Demokratie
176	*Heinz-Dietrich Wendland, Münster*	Die Krisis der Volkskirche — Zerfall oder Gestaltwandel?
177	*Gerhard Kegel, Köln*	Zur Schenkung von Todes wegen
178	*Theodor Schieder, Köln*	Hermann Rauschnings „Gespräche mit Hitler" als Geschichtsquelle
179	*Friedrich Nowakowski, Innsbruck*	Probleme der österreichischen Strafrechtsreform
180	*Karl Gustav Fellerer, Köln*	Der Stilwandel in der abendländischen Musik um 1600
181	*Georg Kauffmann, Münster*	Michelangelo und das Problem der Säkularisation
182	*Harry Westermann, Münster*	Freiheit des Unternehmers und des Grundeigentümers und ihre Pflichtenbindungen im öffentlichen Interesse nach dem Referentenentwurf eines Bundesberggesetzes
183	*Ernst-Wolfgang Böckenförde, Bielefeld*	Die verfassungstheoretische Unterscheidung von Staat und Gesellschaft als Bedingung einer individuellen Freiheit

ABHANDLUNGEN

Band Nr.		
9	*Harry Westermann, Münster*	Welche gesetzlichen Maßnahmen zur Luftreinhaltung und zur Verbesserung des Nachbarrechts sind erforderlich?
10	*Hermann Conrad † und Gerd Kleinheyer, Bonn*	Vorträge über Recht und Staat von Carl Gottlieb Svarez (1746–1798)
11	*Georg Schreiber †, Münster*	Die Wochentage im Erlebnis der Ostkirche und des christlichen Abendlandes
12	*Günther Bandmann, Bonn*	Melancholie und Musik. Ikonographische Studien
13	*Wilhelm Goerdt, Münster*	Fragen der Philosophie. Ein Materialbeitrag zur Erforschung der Sowjetphilosophie im Spiegel der Zeitschrift „Voprosy Filosofii" 1947–1956
14	*Anton Moortgat, Berlin*	Tell Chuēra in Nordost-Syrien. Vorläufiger Bericht über die Grabung 1958
15	*Gerd Dicke, Krefeld*	Der Identitätsgedanke bei Feuerbach und Marx
16a	*Helmut Gipper, Bonn, und Hans Schwarz, Münster*	Bibliographisches Handbuch zur Sprachinhaltsforschung, Teil I Schrifttum zur Sprachinhaltsforschung in alphabetischer Folge nach Verfassern — mit Besprechungen und Inhaltshinweisen (Erscheint in Lieferungen: bisher Bd. I, Lfg. 1–7; und Bd. II, Lfg. 8–16)
17	*Thea Buyken, Bonn*	Das römische Recht in den Constitutionen von Melfi
18	*Lee E. Farr, Brookhaven, Hugo Wilhelm Knipping, Köln, und William H. Lewis, New York*	Nuklearmedizin in der Klinik. Symposion in Köln und Jülich unter besonderer Berücksichtigung der Krebs- und Kreislaufkrankheiten
19	*Hans Schwippert, Düsseldorf, Volker Aschoff, Aachen, u. a.*	Das Karl-Arnold-Haus. Haus der Wissenschaften der Arbeitsgemeinschaft für Forschung des Landes Nordrhein-Westfalen in Düsseldorf. Planungs- und Bauberichte (Herausgegeben von Leo Brandt †, Düsseldorf)
20	*Theodor Schieder, Köln*	Das deutsche Kaiserreich von 1871 als Nationalstaat
21	*Georg Schreiber †, Münster*	Der Bergbau in Geschichte, Ethos und Sakralkultur
22	*Max Braubach, Bonn*	Die Geheimdiplomatie des Prinzen Eugen von Savoyen
23	*Walter F. Schirmer, Bonn, und Ulrich Broich, Göttingen*	Studien zum literarischen Patronat im England des 12. Jahrhunderts
24	*Anton Moortgat, Berlin*	Tell Chuēra in Nordost-Syrien. Vorläufiger Bericht über die dritte Grabungskampagne 1960
25	*Margarete Newels, Bonn*	Poetica de Aristoteles traducida de latin. Ilustrada y comentada por Juan Pablo Martir Rizo (erste kritische Ausgabe des spanischen Textes)
26	*Vilho Niitemaa, Turku, Pentti Renvall, Helsinki, Erich Kunze, Helsinki, und Oscar Nikula, Åbo*	Finnland — gestern und heute
27	*Ahasver von Brandt, Heidelberg, Paul Johansen, Hamburg, Hans van Werveke, Gent, Kjell Kumlien, Stockholm, Hermann Kellenbenz, Köln*	Die Deutsche Hanse als Mittler zwischen Ost und West
28	*Hermann Conrad †, Gerd Kleinheyer, Thea Buyken und Martin Herold, Bonn*	Recht und Verfassung des Reiches in der Zeit Maria Theresias Die Vorträge zum Unterricht des Erzherzogs Joseph im Natur- und Völkerrecht sowie im Deutschen Staats- und Lehnrecht
29	*Erich Dinkler, Heidelberg*	Das Apsismosaik von S. Apollinare in Classe
30	*Walther Hubatsch, Bonn, Bernhard Stasiewski, Bonn, Reinhard Wittram, Göttingen, Ludwig Petry, Mainz, und Erich Keyser, Marburg (Lahn)*	Deutsche Universitäten und Hochschulen im Osten
31	*Anton Moortgat, Berlin*	Tell Chuēra in Nordost-Syrien. Bericht über die vierte Grabungskampagne 1963
32	*Albrecht Dihle, Köln*	Umstrittene Daten. Untersuchungen zum Auftreten der Griechen am Roten Meer

33	*Heinrich Behnke und Klaus Kopfermann (Hrsgb.) Münster*	Festschrift zur Gedächtnisfeier für Karl Weierstraß 1815–1965
34	*Joh. Leo Weisgerber, Bonn*	Die Namen der Ubier
35	*Otto Sandrock, Bonn*	Zur ergänzenden Vertragsauslegung im materiellen und internationalen Schuldvertragsrecht. Methodologische Untersuchungen zur Rechtsquellenlehre im Schuldvertragsrecht
36	*Iselin Gundermann, Bonn*	Untersuchungen zum Gebetbüchlein der Herzogin Dorothea von Preußen
37	*Ulrich Eisenhardt, Bonn*	Die weltliche Gerichtsbarkeit der Offizialate in Köln, Bonn und Werl im 18. Jahrhundert
38	*Max Braubach, Bonn*	Bonner Professoren und Studenten in den Revolutionsjahren 1848/49
39	*Henning Bock (Bearb.), Berlin*	Adolf von Hildebrand Gesammelte Schriften zur Kunst
40	*Geo Widengren, Uppsala*	Der Feudalismus im alten Iran
41	*Albrecht Dihle, Köln*	Homer-Probleme
42	*Frank Reuter, Erlangen*	Funkmeß. Die Entwicklung und der Einsatz des RADAR-Verfahrens in Deutschland bis zum Ende des Zweiten Weltkrieges
44	*Reiner Haussherr, Bonn*	Michelangelos Kruzifixus für Vittoria Colonna. Bemerkungen zu Ikonographie und theologischer Deutung
45	*Gerd Kleinheyer, Regensburg*	Zur Rechtsgestalt von Akkusationsprozeß und peinlicher Frage im frühen 17. Jahrhundert. Ein Regensburger Anklageprozeß vor dem Reichshofrat. Anhang: Der Statt Regenspurg Peinliche Gerichtsordnung
46	*Heinrich Lausberg, Münster*	Das Sonett *Les Grenades* von Paul Valéry
47	*Jochen Schröder, Bonn*	Internationale Zuständigkeit. Entwurf eines Systems von Zuständigkeitsinteressen im zwischenstaatlichen Privatverfahrensrecht aufgrund rechtshistorischer, rechtsvergleichender und rechtspolitischer Betrachtungen
48	*Günther Stökl, Köln*	Testament und Siegel Ivans IV.
49	*Michael Weiers, Bonn*	Die Sprache der Moghol der Provinz Herat in Afghanistan

Sonderreihe
PAPYROLOGICA COLONIENSIA

Vol. I *Aloys Kehl, Köln*	Der Psalmenkommentar von Tura, Quaternio IX (Pap. Colon. Theol. 1)
Vol. II *Erich Lüddeckens, Würzburg* *P. Angelicus Kropp O. P., Klausen* *Alfred Hermann und Manfred Weber, Köln*	Demotische und Koptische Texte
Vol. III *Stephanie West, Oxford*	The Ptolemaic Papyri of Homer
Vol. IV *Ursula Hagedorn und Dieter Hagedorn, Köln, Louise C. Youtie und Herbert C. Youtie, Ann Arbor (Hrsg.)*	Das Archiv des Petaus (P. Petaus)

SONDERVERÖFFENTLICHUNGEN

Der Minister für Wissenschaft und Forschung des Landes Nordrhein-Westfalen – Landesamt für Forschung –	Jahrbuch 1963, 1964, 1965, 1966, 1967, 1968, 1969, 1970 und 1971/72 des Landesamtes für Forschung

GPSR Compliance

The European Union's (EU) General Product Safety Regulation (GPSR) is a set of rules that requires consumer products to be safe and our obligations to ensure this.

If you have any concerns about our products, you can contact us on ProductSafety@springernature.com

In case Publisher is established outside the EU, the EU authorized representative is:

Springer Nature Customer Service Center GmbH
Europaplatz 3
69115 Heidelberg, Germany

Batch number: 10809636

Printed by Printforce, the Netherlands